誠擔

王玉杯一生懸命的南光傳奇

王玉杯 口述
陳淑泰、杜蕙蓉 撰文

推薦序

南光製藥一甲子，濟世救人傳英聲

林壽宏

根據經濟部中小企業處的統計，臺灣中小企業平均存活壽命僅有十三年，而南光化學製藥股份有限公司已經屹立六十年。它的根基隨著歲月益加扎實，業績隨著技術精進而更加璀璨。邁向百年以上，委實是意料中的事。

清末民初的國學大師王國維，在其大作《人間詞話》第二十六篇云：「古今之成大事業、大學問者，必經過三種之境界。『昨夜西風凋碧樹，獨上高樓，望盡天涯路』，此第一境也。『衣帶漸寬終不悔，爲伊消得人憔悴』，此第二境也。『衆裡尋他千百度，回頭驀見，那人卻在燈火闌珊處』，此第三境也。」意謂若要成就大事業或大學問，第一階段是立志，初期難免有曲高和寡的孤獨。其次要奮鬥不懈，即使身體消瘦也不後悔。經過熱切的苦心追尋，終究會有成功的驚喜。驗之南光的成就，何嘗不也經過這三種階段。

一九六三年，南光創辦人陳旗安先生，拿到甲級藥廠執照，開始在臺南市東門路（今長榮路）營運。一九六九年長子立賢先生退伍入廠，隨父親四處拜訪各大醫院，尋求訂單，培養掌管藥廠經營、銷售等要訣。鑒於營運發展迅速，原址已不敷使用，遂於一九七八年遷至現今的新化廠房。緊接著購置德、英、日先進設備，建立絕佳的生產線，籌造針劑大樓，由是品質提升，國內外訂單源源不絕，是全國第十家通過GMP認證藥廠，連主管單位都驚訝於臺南鄉下竟然有如此臥虎藏龍的藥廠，全體員工的士氣因之大振，這是南光起飛的關鍵，也才有今天六百多位從業人員的規模。

一路順遂，是每個人在經營事業上的奢望；然而愈挫愈勇，愈折愈壯，更彰顯尊貴。南光在一九九五至二〇一三年期間，曾有三次重大經營危機，但都能面對問題，誠心檢討，力求改善，終能化險爲夷。

我與南光陳董事長立賢結緣，是在擔任南臺科大董事會秘書時期。他天資聰穎，個性耿直善良，做事謀定而後動，待人誠懇謙虛，或許是我倆的人格特質有諸多雷同，因而很快成了莫逆之交。他始終強調「學以致用」的教育理念，期望學生一畢業進入職場能無縫接軌。他的尊翁是南臺科大創辦人之一，只有捐資興學，從不求回報，一心只想栽培人才，貢獻社會。立賢先生繼承尊翁，參加南臺董事會。統一公司總裁高清愿擔任南臺董事長時，曾經表揚立賢先生準備的會議資料，比學校所提供的資料更有深入的見解，尤其在數據與實作方面更具準確而實用。對於南臺校長的甄選，他與南紡董事長侯博明先生，連袂力邀國內外知名學者吳誠文博士擔任校長，期望南臺辦學再創高峰，足見他對教育的用心，著實令人敬佩。

一個成功的男人，背後一定有傑出的賢內助。陳董的夫人，也是南光總經理王玉杯女士，她是臺北醫學大學藥學系高材生（一九六六年大學聯考，她的化學倘若不失常，就是臺大藥學系狀元），一九七〇年畢業旋即考上藥劑師，足證實力非比尋常。她以救世的懷抱出發，不但經營有獨到的創見，更能化危機爲茁壯的養分，推動產品走向國際化，是最讓經銷商安心的品牌。她熱心公益，分享經驗、低調行善、提攜後進、多元布局、增強續航力，以「女中豪傑」、「臺灣阿信」稱之，絕非浮誇。

「子女往往是父母的再版」，一是血緣的關係，二是耳濡目染的成果，立賢仁兄賢伉儷的爲人處事，正是子女的活教材。第三代都具有高等的專業學歷，又有多年的實作經驗，更具悲天憫人的濟世情懷，廣納各方賢才的傳統，將來接棒南光，一定青出於藍勝於藍，這是我最衷心的祝福。

（本文作者爲現任中華醫事科技大學董事會監察人、臺南仁愛之家董事。曾任南臺科技大學訓導主任、董事會秘書、夜間部主任；中華醫事科技大學校長；臺南仁愛之家董事長。）

推薦序 王玉杯的傳奇

王覺寬

王玉杯是南光製藥公司的靈魂人物，她的人生經歷是臺灣製藥產業的傳奇。當年她從北醫藥學系剛畢業沒多久，就嫁給陳立賢先生，走進陳家的第三天就進調劑室，以一個還是外來的菜鳥媳婦，扛起南光製藥公司的研發與生產重任，眞是初生之犢不怕虎。這是臺灣人的浪漫，在創業的打拚中度蜜月，在晶瑩的淚珠中孕育溫馨的幸福感。

當時戰後的臺灣經濟，百廢待舉，公司可以說是慘澹經營。現在的年輕人很難想像當年的情景，尤其爲人媳婦，每天早上四、五點鐘就必須起床，侍奉公婆，應付忙不完的家事後，接著還要進公司忙產品研發生產工作，數不完的配藥、測試、驗證流程，對一個初出社會的新鮮人而言，絕對是體力、耐力與進取心的極大考驗。

王玉杯是開創型的幹練人才，在她大力經營主導下，南光製藥公司從自家民宅，蛻變成GMP綜合大藥廠，從一個手工調製藥品的家庭工廠，蛻變爲現代化藥廠，眞是篳路藍縷。與國際醫藥界動輒數千億規模的大公司相比，這眞是臺灣的奇蹟。

不僅在企業經營上具有傑出的成就，特別值得一提的是，王玉杯在宗教信仰上亦著力甚深。她擔任慈航居士會三寶殿的住持數十年，在經營事業的百忙中，還特別撥出時間主持慈航居士會每星期的例行宗教活動，從事宗教家內修的淬鍊功夫，數十年如一日，精進修行。並帶領全體家族及員工，接受佛法的智慧薰陶，將出世的智慧能量，轉變爲入世慈悲喜捨利他事業的動力。

俗云：「學佛的孩子不會變壞。」根據美國學者對宗教家族的研究顯示，一個有宗教信仰的家族，經過三代後，家族仍然能保持旺盛的氣勢，家族成員中傑出人才衆多，對社會有著很大的貢獻。相對的，缺乏宗教信仰的家族，經過三代後，家族氣勢逐漸沒落，家族成員成就乏善可陳，甚至在社會上作奸犯科，造成社會的負擔。這是因爲宗教眞理的薰陶，具有啟迪人生智慧，提升生命價值的正面導引。

在慶祝南光製藥六十大壽之際，南光製藥已走向永續發展的歷史節點，從傳統生醫產業，走向預防醫學與老人醫學的產業發展方向，這是當今人類醫學發展的新桂冠，是解決人類社會人口老化、惡性疾病頻繁出現的關鍵科技，攸關全體人類的健康與人生的福祉，亦是臺灣生醫產業發展的里程碑。相信南光製藥在王玉杯的卓越領導下，一定會再創臺灣奇蹟。

（本文作者爲國立成功大學名譽教授。）

作者序　比CEO還CEO

杜蕙蓉

女力興起，蔚爲世界潮流，有愈來愈多的女性CEO（Chief Executive Officer，執行長）在各產業嶄露頭角。不少職場專家認爲，就人格特質來看，女性其實是比男性更適合當CEO；因爲女性抗壓性強、可以忍受挫折、做事細膩，最重要的是她們可以同時做很多事，很懂得時間分配，可以一邊當媽媽，一邊扮演工作上的強人角色。

在我看來，王玉杯總經理（以下簡稱王總）則比CEO還CEO，從大學畢業嫁到南光陳家，她就是無所不能的超人，是隨時可以轉換身份的百變戰士。

年輕時，王總在公司是藥師、廠長，還要負責生產；回家後，她是長媳，是五個孩子的媽媽，有大家庭的關係要處理。

中年時，因爲政府推動國際GMP標準，開啟王總的新視野，也改變了她的一生；她帶領南光開疆闢土，進軍國際市場；而後又擔任臺灣製藥發展協會理事長，人生的歷程又增加一個斜槓的角色。

現在她除了在家裡是慈祥的奶奶外，在公司要照顧六百三十多位南光員工，有七千多位股東是每天盯著南光的業績，讓她不能鬆懈；此外，她還是虔誠的佛教徒志工，是慈航居士會三寶殿的住持。

主跑南光新聞超過十年，王總讓我印象最深刻的是，她競選臺灣製藥發展協會理事長，這是臺灣製藥史上從未發生過的事。老藥廠中，女性當CEO已經是鳳毛麟角，更何況是長期由男性主導的三大製藥公協會（臺灣製藥工業同業公會、學名藥協會與中華民國製藥發展協會），王玉杯勇於挑戰世襲制度，確實很「勇敢」！

王總很會「理財」，幾乎做到滴水不漏。不管是臺南北醫校友會或者是製藥公會，她都可以透過定存孳息，讓這兩個機構有盈餘。她捨不得付租金，於是在臺北買辦公室、購屋方便兒子居住專心讀大學。二〇二三年，南光在鄰近中研院、擁有三個生技園區和三鐵共構的南港車站附近買資產，作爲北部研發重鎮，除了瞄準生技廊帶的資源外，也是爲了「節省房租」的雙贏信念。

儘管大學聯考時錯失臺大藥學系榜首，王總始終是用功學習新知的「學霸」，不管是求學時期專心做實驗，或者近幾年來產官學研界開的專業課程，她都會全場聆聽，也會勤做筆記。南光的轉投資從微脂體、核酸藥物、CAR-T細胞新藥、新劑型新藥和超音波藥物傳輸技術等，在在都凸顯她布局南光和生技趨勢接軌的強烈企圖心。

在商場上給人女傑形象的王總，私底下也很「溫暖」。跟在她身邊的親友都知道她律己甚嚴，卻熱心公益。有一年我跟隨醫療團隊去印度義診，因爲藥品欠缺，王總知道後，不僅慷慨捐藥，還贊助經費，讓團員都很感動！

這樣一位爲南光奠基的CEO，還有溫柔的一面，她喜歡分享和孫子間的天倫對話，也會聊聊發展慈航居士會的弘願。

我常想王玉杯是如何做到把自己與工作分離？如何在家事、公事和宗教志業的複雜事物中，練就一身的功力？每次看到她半夜還在回覆訊息，生活範圍專注於公司、居士會和自家的三點一線間，還經常南北奔波、出國訪察，每一天都過得精彩充實，果眞是一位完全不浪費生命的CEO！

作者序

四種堅持，造就完美

陳淑泰

在南光化學製藥公司成立六十年來的悠悠長河裡，王玉杯總經理（以下簡稱王總）以長男媳婦的身分，肩承其中五十三年的重擔；這本書，可以說是超過半世紀、橫跨三個世代，一個女性創業家的故事。

王總在臺灣製藥界無人不曉；在男性主導的製藥產業裡，每個人以自己的角度，對她有各式評價，並非全是褒獎；有人說她強勢，也有人說她不易同流。她在家中也被男性包圍，有無比威嚴的公公，有非藥學出身、卻必須接班藥廠的先生，還要培養四個兒子有才有爲……。但她燃燒自己、發光發熱，成就了夫家的事業——南光，也成就了她身邊的男性。

這些男人們，對王總最大的共識是——「她有無人能敵的堅毅性格」。我有幸在撰寫本書的過程裡，觀察到王總在多個面向的「堅持」。

堅持當責。我經常在起床後，看到王總在凌晨三點、四點傳來的修正意見和補充錄音檔，第一次我驚訝地揣想，南光是不是有什麼神藥？讓七十六歲的她，能夠整日精神矍鑠，深夜不用睡覺？直到有次採訪，三子本龍說，「王總每天都要看完公司門口警衛室的進出入登記，才會上床休息。」我這才明白，這款神藥叫做「責任」，像一個盡職的守門員護著園籬；早年，她一人身兼南光的廠長、調劑師、品質檢驗三份工作，後來日理萬機，她索性把一天當三天用，就這樣過了五十多年，竟然習慣每天只需要少少的睡眠。

堅持義氣。江湖人講義氣，經營事業不也是重視人際互動的江湖河海？在王總道出南光唯一一次裁員的原委時，我看到她眼底藏不住的沮喪及無奈；當建誼生技創辦人黃全德在安寧病房最後時刻，聽到王總從電話筒另一邊喊著：「建誼的問題我會幫你解決！」黃全德才安心往生，這是多麼令人動容的俠女精神，絕非一般人能有的仗義與勇氣！

堅持不評斷功過。她要求我在書中盡可能地隱匿人名，只描述事件眞實的發展就好，少用形容詞、少做論斷。因爲她不希望造成當事人困擾、不願無端再掀波瀾；這應該與她信仰及修行有關，佛家人「不兩舌、不惡口、不妄言、不綺語」，她認眞遵守著佛家弟子的「淨口」原則。

堅持完美。在合作本書前，她對我說：淑泰，不好意思，我是完美主義，可能會對你困擾；就算在回憶四、五十年前往事時，她也要反覆追索、找到相關資料佐證外，還要再三修改文句才罷休。我剛開始僥倖地想，這麼久遠的事沒人會出來反駁的啊？後來發覺，她不只以高標準要求每一件事，律己更是嚴格；談及打掉第一代舊廠，改建符合 PIC/S GMP 規格新廠時，別人稱讚她具遠見、有魄力，她卻重複叨念著，「如果當時能再多注意某個細節就好了……」

我彷彿看到那個五歲前還在地上奮力爬行的小女孩，求學時受限於家裡環境、只能在膝蓋上寫作業，考大學失利後，反而更認眞地在二個月暑假裡自學日文，進入藥廠後，突破外商專利技術、研發多項藥品領先上市；如果不是因爲她追求滴水不漏的完美，永遠不滿於現狀，怎麼能夠一路走到今日的卓越？

在臺灣傳統家族企業大宅門裡，女性出頭不易，嫁進門、非本姓的，最多只能負責基金會等公益事業。在本書裡，可以看到王玉杯闖蕩的年代是如此早遠，過程又是那樣艱辛，她給的典範不僅是突破框架而已，而是用堅毅、專業、魄力、當責和誠信，堆疊出製藥業最耀眼的第一名女力。

南光六十年紀事

一九六三年

創辦人陳旗安先生，於臺南市（長榮路自宅）創立南光公司，初期僅生產動物用藥。獲認證為甲級藥廠。

一九七〇年

王玉杯女士嫁入南光，取得第一張藥品許可證——利解痛注射液。

一九七八年

第二代董事長陳立賢及總經理王玉杯伉儷將廠房移至原臺南縣新化鎮（現臺南市新化區），新廠占地逾萬坪；並改組為股份有限公司。

一九八五年

全國第二家本土綜合製劑廠通過GMP認證，完成當月營業額倍增。

一九八六年

經濟部投審會核准南光與日本小林製藥工業株式會社技術合作。

一九八八年

因應健保局成立、政府著手規劃全民健保制度，成立臺北營業處。

一九九三年

延聘美國海外學者回國成立「口服緩釋劑型」及「經皮吸收劑型」研究開發中心。

一九九四年

延聘美國專家顧問團長期合約進行製程確效計畫，全面提升藥品品質。

一九九五年

引進日本全自動倉儲管理系統。

榮獲政府指定為無菌製劑滅菌確效南區示範藥廠。

一九九六年

「針劑大樓」及「研究開發大樓」落成啟用。股票（代號：一七五二）公開發行。

一九九七年

自德國購置第一臺 PP 軟袋全自動化設備，耗資一．五億臺幣；率業界之先，將點滴容器從易碎、難回收的玻璃瓶，改為不含塑化劑的 PP 軟袋。

一九九九年

榮獲一九九九年國家生技醫療 Non-PVC 材質「多層膜聚烯類塑膠軟袋」品質獎。

二〇〇〇年

成功開拓日本市場——外銷大型軟袋輸注液，品質獲得國際肯定；開始接受國際 OEM/ODM 訂單。

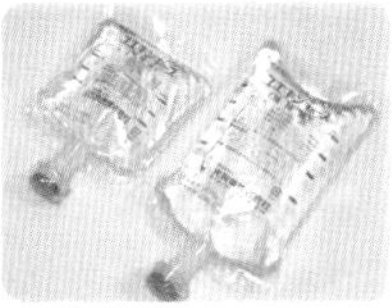

二〇〇三年

榮獲衛生署九一年度藥物科技研發獎：銅質獎：Non-PVC 軟袋材質的大型輸注液與其他品質優良的藥品。銅質獎：含有 Omeprazole 或其他類似化合物 Lansoprazole 之具有良好安定性口服製劑及其製法（擁有製程專利）。

二〇〇四年

全廠通過 cGMP 三階段確效認證。

二〇〇六年

打掉舊廠，耗資四十億元、相當資本額的七倍，興建「綜合製劑大樓」，以高標準興建錠劑產線、無菌預充填和凍乾針劑，與於科技大樓一樓改建完成癌症化療針劑等產線。

二〇〇九年

「綜合製劑大樓」落成、傲視全球之無菌充填製劑廠房陸續啟用，邁入第三次經營轉捩點。股票正式上櫃。

二〇一〇年

全廠通過衛生署依國際醫藥品稽查協約組織 PIC/S GMP 標準之查核。

二〇一一年

與美國上市公司簽訂合約，共同研發生產銷售神經性疾病和血液系統用藥。

通過全國第一座全密閉系統癌藥製造設備TFDA查核認證。

二〇一二年

日本PMDA GMP 和衛生署 PIC/S GMP 評鑑查核通過（預充填注射針筒劑型）。

二〇一三年

通過藥品優良運銷規範輔導性訪查績優廠商；擴建廠房及新增劑型，通過TFDA PIC/S GMP 細胞毒類注射液劑和凍晶注射劑（無菌製備）評鑑。

二〇一四年

預充填注射劑生產線經美國FDA查核通過。

二〇一五年

榮獲二〇一五傑出生技產業獎金質獎。癌症無菌針劑產線和LVP（PP Bag for Premixed Solutions）產線美國FDA查核通過。

二〇一六年

國內第一家輸注液（LVP）製劑取得美國藥證核准上市。

二〇一七年

預混式靜脈輸注液（Premixed IV Infusion）成功外銷美國。

二〇一八年

通過日本PMDA GMP認證（預充填針筒注射劑產線和特殊製劑產線）。

二〇二〇年

預充塡注射劑 Icatibant 之美國藥證 ANDA，取得核准上市。

二〇二一年

骨鬆藥學名藥 Ibandronate 預充注射劑取得日本 PMDA 藥證及美國 ANDA 藥證。

二〇二二年

治療肺癌學名藥 Pemetrexed 之美國藥證 ANDA 申請，取得核准上市。南光股票由上櫃轉上市。

二〇二三年

治療白血病學名藥 Bendamustine 取得美國藥證 ANDA 核准上市。南光成立屆滿六十週年。

目錄

Part 2 南光一甲子

Part 3 永續南光

Part 1

產官學眼中的南光與王玉杯

01

王玉杯是體現北醫開創精神的女中豪傑

中央研究院院士
張文昌

我在臺北醫學大學（以下簡稱北醫）董事會任職董事迄今二十八年，中間曾擔任兩任董事長、共八年的時間，在二〇二二年卸任董事長。

北醫係由著名的耳鼻喉科醫生胡水旺及婦產科醫生徐千田在一九六〇年開辦，二〇二三年六月一日我們甫辦完創設六十三年的校慶紀念活動。北醫創校的前三十年比較混亂，一九七七到一九七八年之間，由創辦人組成的董事會，因內部爭議，被教育部解散，在一九八二年重組一個公益董事會，北醫終於可以正常發展。現在大家看到的北醫，就是一個有制度的私立大學。

北醫早期缺少資源，激發學生開創精神

我是北醫第六屆的學生，大學聯考時，醫學院和理工科在一起，屬於甲組，我

們當年是不用考生物的，若要念醫學或是藥學，第一志願就是臺大，第二志願就是北醫；但當時北醫的資源，和臺大完全無法相比。

臺大有日本人留下的漂亮醫院和校舍，校地廣大，臺大醫院又是全臺龍頭，師資陣容當然很堅強。而且臺大學生讀書風氣盛，老師逼得很緊，像有「臺灣肝帝」之稱的陳定信、臺灣肝炎權威陳培哲，他們跟被譽為「臺灣肝炎之父」的宋瑞樓師承一脈，都相繼投入肝病的研究。學生畢業後，如果想出國深造的，會有教授幫忙寫推薦函，想留在臺大醫院實習的話也很穩定，都是自家醫院、學生被照顧得很好。

但北醫的硬體環境根本比不上臺大。我進大學時，北醫所處的吳興街都還是漉糊糜仔（臺語，指爛泥巴路），四周都是田地，第一棟教學大樓蓋好之後，我們才有比較像樣的教室，但實驗室設備也不齊全；聽說第一屆和第二屆的學長更慘，只有三間鐵皮屋，其他什麼都沒有。

我進去北醫時老師也很少，都是後來慢慢延攬的。年輕的老師剛進來，和學生都像朋友一樣、不太管學生的，學生很自由、運動風氣很盛，像骨科權威杜元坤、北醫現任校長吳麥斯，原本在建中時打橄欖球，到了北醫一樣可以繼續打球，校風非常開放！

比起臺大的學生，北醫學生畢業後就只能靠自己，因為沒有自家醫院（編按：臺北醫學大學附設醫院為一九七六年創立），醫學系畢業生的要實習，得去臺大、榮總或馬偕等醫院。藥學系畢業生很多直接去外商藥廠當Propa（propaganda，英文原意為宣傳，日文用此字指銷售代表），直接出國深造的比例不高。

像寶齡富錦生技總經理江宗明、晟德集團董事長林榮錦，都是從Propa起家。當Propa很辛苦啊，白天在各家醫院之間奔波，晚上還要應酬。不過經過幾年的磨練後，對市場需求嗅覺會變得很敏銳，後來決定自己出來創業。江宗明是我同班同學，他以前很會讀書的，都是班上前五名，我本以為他會走學術路線，沒想到去做生意！

正是因為這種資源不足的背景，讓北醫的學生比較獨立，想要什麼都得靠自己去找、去爭取；不僅在製藥業裡創業者衆，在臺灣開業醫生裡，北醫的占比也很高。

我個人也是先投入職場，再赴日進修取得日本東京大學藥學博士，之後到美國大學當客座研究員；一九八三年從美國回來臺灣，加入新成立的成大醫學院的行列。

當時在臺南有好幾位北醫的校友，已有非正式的臺南校友聚會，因為南光也在臺南，我因此跟玉杯開始接觸。她在學校小我一屆，是第七屆，但我在學校時卻不認識她，可能我都在忙著課外事務，她都忙著在讀書吧！

校友聚會時，玉杯的同學講到她，印象深刻的就是讀書非常認眞，若不是在唸書、就是在做實驗，她在班上很安靜，不是那種風雲人物型的，很樸實的「下港人」。

說到這裡，我大學時還不知道北部人叫南部人是「下港人」，記得大二時有次肚子痛去看醫生，醫生聽我的口音，問我是不是下港人，我當時想，有南港、東港、西港、北港，就是沒聽過「下港」，當場回答「不是，我是高雄人」，醫生聽完哈哈大笑！我才知道，原來濁水溪以南就叫作下港人！

王玉杯做事和說話一樣，快速又有效率，將臺南校友會組織化

臺南校友會年年聚會已經長達四十年，由醫學、牙醫和藥學三個科系的校友輪流當會長，二年換一次。我自己也擔任過會長，不過都沒有正式向市府社會局登記，校友的連繫算是比較鬆散的。

一直到二〇二一年，又輪到藥學系當會長，我當時是北醫董事長，於是拜託玉

杯出任會長，也想麻煩她把校友會做正式的法人登記，她二話不說、馬上接下會長的擔子，而且動作很快，不到一年就完成社團法人的程序了。

因爲社團法人理監事要定期開會、每年至少二次。開會時，玉杯一定會安排不同領域的專家出席，這樣開會時就不只是吃吃喝喝、閒話家常而已。由這點來看玉杯，她就是非常好學，一輩子都在追求新知，不會浪費任何一點時間。

而且她還很慷慨，總把校友繳的會費拿去定存，用自己的錢請大家吃飯，經常請我們吃「阿勇師」，就是阿扁當總統時御用的總鋪師。現在臺南校友會的 LINE 群組人數已經超過二百位了，組織愈來愈龐大。

玉杯除了對身邊的人大方，對學校的事務也相當關心。

近幾年來北醫評鑑都是私校第一，吸引很多中南部學生來北醫就學。所以北醫的癌症醫院和雙和校區落成後，接下來就要準備籌資蓋學生第二宿舍。

因爲玉杯是臺南校友會的會長，二〇二二年十二月三日她舉辦校友旅遊活動，我已卸任北醫董事長，時間比較多，就前往參與，去中部一個相當好的景區旅遊。當天晚上吃飯時，玉杯坐在我對面，突然問我：「張董，學校有沒有什麼需要幫忙的地方？」我說：「玉杯，當然有啊，學校正要建學生第二宿舍，讓中南部來的孩子不用在外面租房子……」她聽了當下並沒有什麼回應，結果我回到臺北才沒幾天，我們負責校友的公共事務處處長就打電話給我，說玉杯已經匯錢進來了，這筆錢以個人捐款來說是不小的一筆數目。她的動作和她講話一樣，速度都很快。

北醫近年來收到小額捐款每年平均約有四．五億元，這還不包括蔡明忠、蔡明興兄弟在二〇二二年捐款二億元成立癌醫大樓這種特定目的、大額的款項。小額捐款其中三十%來自校友支持，其餘是來自於公益團體及社會人士的捐款。主要是我們醫院的服務也受到肯定，同時學校也成立公共事務部，和社會各界密切互動，所以捐款是細水長流的。

校友就是學校的資產，一定要有校友的支持，學校才會辦得好，我當北醫董事長八年期間，只要海內外有校友會的活動，我有時間一定都會去參加。

隨時注意新技術的動態，成爲藥業的女中豪傑

當然，前面談的只是她的一點小故事，玉杯最厲害、令人佩服的，還是在經營事業上的前瞻眼光和拚勁。

近年來奈米包裝傳輸技術才臻於成熟，藥物要正確達到病灶的靶點，奈米運輸扮演重要的角色。COVID-19 核酸疫苗的開發就是一個非常成功的案例，核酸藥

物mRNA也是用脂質奈米粒傳輸技術，把mRNA包在脂質奈米粒內，運到免疫細胞，免疫細胞把它吃進去，mRNA才製造蛋白出來作爲疫苗。這樣的技術，近年也應用在癌症疫苗的開發。

其實早在一九八○年代全球就剛開始研發奈米藥物，因爲藥物的研發到臨床試驗都需要漫長時間的醞釀。記得是一九八四年，玉杯來找我，想了解臺灣奈米藥物的開發狀況，因爲她覺得這是尖端的技術，他們也想要研究、參與（編按：王玉杯後來投資了臺灣微脂體TLC，該公司一九九七年創立，二○一二年上櫃，二○一八年發行ADR於那斯達克上市，二○二一年自願性下市並終止櫃檯買賣）。

這件事我印象很深刻，因爲當時的南光，在注射劑、點滴的發展上都已經非常有名，市占率很高，也很賺錢，但是她對新藥物的研發一直維持高度的關注，除了因爲她本身就是藥學專業的技術背景出身之外，也跟她求知若渴、不斷想方設法幫南光未來鋪路，有絕對的關係。

除了在專業及經營事業上的自我高度要求外，玉杯也很有膽識。二○一四年，也是我當北醫董事長的那一年，玉杯擔任製藥發展協會理事長，是協會創辦以來第一位女性理事長，也突破多是由臺大幫主導公協會的文化。表現非常積極與活躍！

玉杯已經把南光打造成「針劑王國」，近幾年來，針劑型的癌症藥品已經是主流，南光也接到海外大廠CDMO（即Contract Development and Manufacturing Organization委託開發暨製造服務）的訂單，他們跟日本藥廠也有很好的合作關係。

我一路看著玉杯，從以前一個乖乖的、有點內向的女生，到現在變成一個女強人，我想就是南光給她的責任和使命，從嫁到南光當媳婦後，肩負著南光營運的重擔，鍛鍊她行爲和性格的改變，變成現在的她。

她曾對我說，已經七十五歲了，該如何交棒？我覺得她和陳立賢董事長心裡一定已經有答案了，外界都不用擔心，因爲她眞的滿厲害的！

張文昌

現職：臺北醫學大學董事暨講座教授、中央研究院院士。

學歷：東京大學藥學博士。

經歷：國家科學委員會生物科學處處長、國家科學委員會副主任委員、臺北醫學大學董事長。

02

勇於嘗試，爲南光找尋跨步走的第二隻腳

生技創投大老
張鴻仁

南光一甲子的紀錄，同時也是臺灣製藥史的一大段歷史。

我以個人背景，補充一些臺灣藥業百年發展的濫觴。二十世紀初臺灣衛生狀況不佳，瘟疫、瘧疾猖獗，一九〇一年一場可怕鼠疫在臺灣各地肆虐傳播，有三千六百多人染疫身亡；一九一八年更爆發全球性H1N1大流感（又稱西班牙流感），臺灣六月初從基隆出現第一波疫情、開始蔓延全島，造成逾四成學校及工廠停課、停業，據記載，這一波的大流感造成四萬多人死亡。

百年前臺灣生藥株式會社爲臺灣製藥廠濫觴

當時臺灣處於日治時期，使用的西藥全由日本進口，全球大流感凸顯藥物的嚴重缺口；日本「三共製藥」公司於是在一九二〇年五月，於臺北設立「臺灣出張

所」（類似臺灣銷售據點）販賣藥品。一九二三年又在臺南新營成立「臺灣生藥株式會社」，種植古柯樹等藥用植物，供應粗製古柯鹼等原料給三共製藥，生產軍用麻醉藥品，和抗瘧疾藥物等。

當然，日本殖民政府也為臺灣蓋了很多公立醫院，最有名的就是臺大醫院，也是現存保留最完整的，有如今日基隆醫院的外觀，也看得出當時巴洛克式建築的風格。包括所有的公立醫院的開設，以及臺灣生藥株式會社的成立，到現在都已超過一百年了！

而本土製藥私人公司的雛形，則是從光復初期開始，依時間序列，有以下幾個階段和特色：

一、最早都是從自家廚房開始的家庭式製藥，土法煉鋼、慢慢摸索。

二、克服交通不便的因素，而有特殊的「掛藥包」或稱「放藥包」銷售模式，使西藥得以深入家戶。

三、因政府主導「進口替代」政策，促使國際藥廠來臺設廠、落地生產，帶入先進的藥品與商業模式。

四、中國改革開放路線吸引外商，加上臺灣於二〇〇二年正式加入WTO（世界貿易組織），國際藥廠因在臺生產規模小、單位生產成本高而紛紛撤離；廠房售予本土藥廠。

五、本土藥廠奮起，有的以併購擴張，有的突破國際專利，努力拚進國際市場。

「掛藥包」是一種很有趣的賣藥模式，其實最早在日治時代就有了。藥廠把一般常備藥，例如將治療肚子痛、腹瀉、退燒、感冒、喉嚨痛、咳嗽等藥品，分別放在不同藥包內，由業務員挨家挨戶寄放到主人家，供其使用。因藥袋上會記載藥物數量，業務員隔月來清點查看，依實際使用量做結帳和補貨。如此的銷售策略，不但解決臺灣早期因交通不便、就醫困難的窘境，也使得西藥市場快速拓展，逐漸被家家戶戶接受。

「進口替代」政策，爲本土藥廠大躍進的轉捩點

五〇年代，政府先制定了「外國人投資條例」，鼓勵外國人來臺投資設廠，後又執行「進口替代」（Import Substitution，是發展中國家採取關稅、配額和外滙管制等嚴格限制進口的措施，以扶植和保護國內相關產業）策略，半利誘半強迫國際藥廠落地生產，大約是一九七〇年後，掀起了外國藥廠來臺設廠的熱潮，包括輝瑞、葛蘭素史克、百靈佳、惠氏及日本衛采、塩野義、藤澤等，都在臺灣設過廠。

而國際藥廠把高階的技術和新穎的商業觀念帶進臺灣，帶動本土藥廠的模仿效應，讓中化、永信、南光、生達、東洋這些領頭羊，競相茁壯成長。

當時臺灣的十大建設也正開展、經濟起飛，大時代的背景就是從很窮的農業經濟、過渡到工業經濟的階段，差不到人均GDP三千美元時，醫療需求明顯跳升。但這時，日治時代建立的公立醫院多已年久失修，一九七六年林口長庚醫院開幕，開啟了新設私人醫院的浪潮，打破過去由日人建立的公立醫療體系獨占市場的局面。

談到這裡，不得不佩服台塑集團創辦人王永慶先生的先知卓見。當時林口長庚號稱「爲勞工階級」設立的醫院，主張普羅大衆也有一流醫護人員及先進設備的醫院可以看病；因爲高速公路剛建好、路上幾乎沒有什麼車，加上這中間，包括雲嘉南、中彰投、桃竹苗，當時都沒有醫學中心，從高雄開救護車狂飆到林口只需要二個小時。這些背景，催生出醫療大爆發的時代，當然，也包括對藥品的大量需求，這是本土藥廠很重要、跨大步成長的轉捩點。

一九九〇年中國大陸採取改革開放路線，吸引全球大廠爭相卡位，外商藥廠瞄準十三億人口的紅利市場、逐步撤離臺灣，甚至連生產基地都遷移。此現象在二〇〇二年臺灣加入WTO後更明顯，許多外商的廠房由臺灣藥廠或科技廠買下接手。例如塩野義把基隆七堵廠賣給東洋，衛采臺南廠賣給保瑞，葛蘭素史克新竹湖口廠由聯亞接下，華碩買下輝瑞淡水廠等等。

南光早期發展，凸顯女性創業者的艱辛與可貴

本土業者接收外商藥廠，可省去覓地蓋廠、購置產線等費用，且這些廠房多半都已符合國際法規，有的還可以直接接收現成的代工訂單、立刻挹注營收。

但南光卻不在接收外商藥廠廠房的行列裡，因為王玉杯總經理很早就決定自行建廠，也數度將不合時宜的廠房打掉重建，並購置更先進的產線設備，是國內少數學名藥廠靠自身實力，就能向國際市場成功敲門。

當然，把南光放在臺灣藥業地圖來說，它的能見度並不是第一位。但是如果用女性CEO的角度來看，王總就非常了不起。

說眞的，我早期進入這個領域裡，到各家公司開董事會什麼，不管是女性董事或經理人，都算稀有；把年分再往前拉，王總的年紀大了我一輪以上，你很難想像在那個時代，就有一個如此厲害的女性創業家前輩，光是這一點，她就很偉大了。

我剛好最近和王總有比較多的交集，這跟黃日燦大律師創立的「台灣產業創生平台」有關。「創生」的概念源自於日本的「地方創生」，希望找出各地適合

的方式，開創在地生命力、再造風華；台灣產業創生平台要推動臺灣的「產業創生」，透過前瞻產業的未來趨勢，陪同企業一同走過變動的時代，邁向「後天」，達成永續發展。

爲什麼企業要走到「後天」？這是出自中國阿里巴巴集團創辦人馬雲的一句名言，「今天很殘酷，明天更殘酷，後天很美好，但大多數人死在明天的晚上」。而黃日燦律師主張，成熟產業要度過明天、抵達後天的方法，必須要靠公司成立投資部門。黃日燦律師同時也是「台灣併購與私募股權協會」的創辦人，他最常對企業主傳達的概念就是：一個企業要不斷成長，必須靠兩隻腳走路，一隻腳是事業、第二隻腳就是投資。

臺灣藥界聽進他的建言、發展得最成功的就是保瑞，保瑞最早從代理商起家，靠著投資併購轉入製造，而且不斷拓展規模和新領域，到現在（二〇二三年六月訪談時）仍是掛牌上市櫃藥廠中的股王。

南光是唯一報名台灣產業創生平台的藥廠

二〇二二年在台灣產業創生平台決定開班後，我們突然看到南光出現在名單裡，原來是王總主動來報名，是藥界唯一一家報名的公司。

因爲我是該平台的產學顧問之一，有醫藥專業背景，和大亞電線電纜公司董事長沈尚弘一同被指派擔任南光的導師。沈董在三十年前就替大亞開立公司的投資部，使大亞從傳統的電線電纜生產，跨足到電動車、日系家電等高端領域，並投資新創科技，近年也自建太陽能電廠，透過多角化布局，替公司創造新的競爭力。

臺灣本土藥廠因市場規模小，生產成本高，健保又年年砍藥價，都面臨到如何轉型升級的壓力，南光現在也走在一個十字路口上！這時候就必須思考黃日燦律師的主張——用兩隻腳走路，一是業績，一是投資。

台積電是臺灣最厲害最成功的公司，它很獨特、靠自己賺的錢就可以投資，但大部分的公司都做不到，所以要善加利用資本市場，才有拓展版圖的機會。而本土藥廠即使有在資本市場掛牌、募資，但都經營得很保守。因爲太保守，所以規模小，在世界上沒有什麼名氣。

南光本身的製造能力已經很強，但過去公司並沒有正式的投資部門，偶爾有零星的投資，都是外部人來拜託王總，她以「助人爲樂」爲出發點，用個人的錢投資；這樣的方式，比較不容易與公司長期發展結合、產生綜效。

經過台灣產業創生平台的建議，據我了解，南光董事會日前已通過準備成立

「投資部，而成立公司的投資部門，必須積極跟同業互動，我為了南光，特別成立台灣生技投資好友會」，希望他們能從中快速得到產業內的各種投資訊息。

我幾次近身觀察王總，發現她臉上很少出現笑容，為什麼？應該是肩負的壓力太大了。其實她以一個媳婦的角色，嫁進臺南傳統的家族，一路從家裡廚房手工製藥，到買地、自建廠房，走過進口替代的時代，再走到一個可以獲得美日先進國家認證、把產品賣到國外的藥廠，非常不簡單。我認為，她一定是無時無刻都在想著南光的明天與後天……，永遠都在鞭策自己不斷求進步，才能一路緊跟著時代的變局，與時俱進。

一直到現在，王總仍然勇於找尋機會，且用開放的心胸、接受專家的建議，這種格局及魄力，眞非一般人所能及。

張鴻仁

現職：上智生技創投、上騰生技顧問、上準微流體與雅祥生技醫藥董事長。

學歷：國立臺灣大學公共衛生碩士、美國哈佛大學公共衛生學院衛生行政碩士。

經歷：疾病管制局局長、中央健康保險局總經理、行政院衛生署副署長。

03 化危機爲養分，用差異化策略找到藍海

前食藥署署長
葉明功

臺灣西藥製劑產業的發展史，大約走了五十年，有三個分水嶺，就是陸續實施「藥品優良製造作業規範」，即俗稱藥品GMP（Good Manufacturing Practice），再到cGMP（Current Good Manufacture Practice），稱爲「藥品優良製造確效作業基準」，之後到二〇一四年後全面實施PIC/S（Pharmaceutical Inspection Co-operation Scheme）GMP，符合全球公認最嚴謹的標準。

女強人帶領南光三階段升級，皆列前五%領頭羊

根據衛福部的資料，這幾個階段所處的年分、及汰減掉的家數，可條列爲以下三點：

一、一九七七年開始推動GMP至一九八八年，國內西藥製劑藥廠從五百五十

家減少到二百多家。二、一九九五至二〇〇五年之推動確效作業cGMP，至二〇〇五年符合cGMP西藥廠計一百六十三家。三、二〇〇七年起之推動國際GMP標準、即PIC/S GMP，使我國西藥的製造，從品質要求、品質保證，進入以風險管理爲基礎之品質管理，進一步與國際標準接軌；至二〇一四年底完成全面實施，符合PIC/S GMP西藥廠僅剩一百一十家。

也就是說，這三個階段以來，每次差不多有一半的生產者被篩掉，到最後只剩下四分之一的藥廠能夠生存。而南光從GMP開始，到cGMP、PIC/S GMP，一直都能緊跟著政府的法規腳步走，在領頭羊的族群裡。坦白說，南光位處臺灣南部，距離中央機關比較遠，資訊、資源取得相對不易，能夠有如此的表現，難能可貴。

說起臺灣藥業的歷史，在臺灣光復初期，政府對藥廠還沒有認眞管理，大部分的藥廠就是在自家廚房裡、用自己隨便買來的原料，攪一攪、混一混，所以品質參差不齊。之後政府要求藥廠必須有合格藥師，少數藥廠會找一個藥師來規劃建置廠房、參與生產，但更多的藥廠只是租一個藥師的牌照做做樣子，而南光總經理王玉杯進入南光就是在這個階段。

南光創辦人陳旗安很厲害、有眼光，找一個藥學系畢業的媳婦進來藥廠，和那種只是借牌或是外聘藥師不同，因爲她就是自家人，會認眞實在地做；而這個公公除了會挑媳婦之外，還願意充分授權、讓這個媳婦發揮專業，也是聰明，畢竟媳婦是堂堂北醫藥學系畢業的，如果有不懂的，可以回學校問老師，而與同儕之間，也可以在創業的路途上互相砥礪、良性競爭。

在接任食品藥物衛生管理署署長之前，我和王總不太熟。後來在業務上接觸後，才想起我在學生時代（國防醫院學），曾在一個研討會場裡看到個女性講者，說話非常大聲、氣場很強，才想起原來她是王玉杯。在那個大家都溫良恭儉讓的年代，她就是一個很特別的強人。

藥品GMP規範上路後，就是要求儀器設備規格要有一定的標準，要做生產記錄。這個部分說難不難、說容易也不容易。尤其是記錄的部分，哪一條線生產什麼東西，生產完A、生產B……生產到Z，統統要詳實記錄。這對傳統家庭式的藥廠來說，就已經難以做到了。王總有學校的專業培養，當然輕鬆過關。

三次政府的認證升級，南光都走在最前面。走在前面的業者通常都是有技術硬底子的，因爲沒有人可以模仿，得靠自己的眞功夫。包括永信、中化、信東等藥廠，也習慣先走在前面，這五%領頭羊當然也希望取得市場先機。

不過就主管機關角度來看，一開始因爲沒有比較的基準，打的分數通常會高一點，而且看的廠商少，就容易被藥廠說服。如果官員看了十家後，基本知識都有了，就容易挑出後面廠商的問題來，審查過程就會愈清楚愈仔細，所以愈晚來的業者就愈辛苦。

差異化策略找到藍海，使獲利穩健

領有GMP認證，只代表你的藥品符合政府的生產規定，是可以吃、可以用的，並不代表公司就能因此賺錢。而王總厲害的地方，就是把南光的產品聚焦在針劑注射領域，幫公司的發展找到藍海。

年紀稍長的人都應該還記得，在五〇、六〇年代，臺灣喜歡打點滴的人很多，他們腦子裡留有既定的印象，認爲如果生病了，打針一定比較快好，住院時也一定是先打點滴再說，所以注射劑、針劑藥品在市場上有一定的地位。

一般認爲，藥品的「錠劑」就是紅海，「藥膏」卻是多了一點門檻，包括水油比例之類的，要稍微講究點。但針劑就完全不一樣了，而因爲要直接注射到人體裡面，所以要確保無害又無菌。

所以生產針劑有一個相對高的進入門檻，第一是無菌技術需求高，所以設備的投資金額比較高，其次就是品管要求必須到位，透明針筒裡，只要有一點雜質或是懸浮物，很容易就被看出來，大家就不敢用了。所以，不願意花錢投資，或是管理技術追不上、做不到品質控管的藥廠，通常只能放棄。

此外，南光獨創的ＰＰ軟袋的包裝也是很高明！以前原本是玻璃瓶，在運送或使用上都很不方便，所以軟袋是一種革命性的創新，讓南光立於不敗之地。所以王總帶領南光第二次及第三次的升級成功，在於找到差異化的策略。

但健保制度上路以後，又對南光形成考驗。因爲政府一直壓抑藥價的結果，造成大家耳熟能詳的「點滴比可樂還便宜」。南光毛利被壓縮得很慘，前面幾十年的優勢，到健保制度上路後被消耗掉大半；雖然每家醫院都需要點滴，但是生產者的利潤卻很低，這個產品變成食之無味、棄之可惜的「雞肋」，這時候的南光又走到十字路口，面臨再一次轉型的挑戰。

王總是十分聰明、有智慧的人，決定用自己的技術的優勢，去做口服藥物中的「緩釋劑型」。幸好點滴注射袋提供一個很好的基礎，讓他們能勇敢地在新戰場上廝殺。而這新劑型沒有人跟他競爭殺價，利潤也就比較好。

此外，南光的品質能進入美國和日本的市場，這一點也非常值得肯定。可惜臺灣的藥廠在生產成本還有國際市場行銷上會比較弱。美國因爲市場大，生產一種藥一億顆，臺灣可能只生產一〇〇萬顆，檢驗的費用和付出的人力成本是一樣的，一公斤和一公頓的原料採購成本當然會有很大差別，我們一條線生產個三、五天就要換另外一種藥，所以平均單位成本就會比較高，沒辦法跟國際大廠競爭。這是臺灣藥廠共同面臨的問題。

二〇一三年藥物回收危機，成爲茁壯養分

在已上市的製藥廠裡面，有獲利且體質健全的公司並不多，南光很早就面臨考驗，成爲茁壯的養分。

記得二〇一三年，我升任食品藥物管理署署長，南光發生十三種藥物被強制回收銷毀的危機。這事發生的緣由，要從某陳姓立委指控國內主管官署與藥廠有官商勾節、舞弊的情況說起。

記得是一個星期五，我們得知下週一陳姓立委要召開公聽會，而下週三某週刊會跟進報導。所以星期五我們緊急找來專家及藥廠代表開會，由胡姓教授召集主持，目的是趕在公聽會之前，在星期一一早就提前澄清，說明本署的處理措施，表明我們已經去清查過哪些藥品的登記程序未完備、會要求下架。

當時胡教授也有考量到南光的情況，打電話給王總，她正在日本開會；所以公司只派一個研發主任來與會，直稱南光都遵守規定、不會有問題。但我們一查下

去，發現南光這些藥品走得很前面，有些製程改變，還沒來得及到主管單位做登記更改，因爲明顯不合規定，主管單位只好要求全部下架。

當時我們都是委託專家處理，我也不知道南光個別的情況。事後王總來跟我說他們受傷慘重，公司賠了一、二億元。我只能回她：你們有困難要事前講，因爲法規已經定在那裡，我們沒辦法對哪一家特別好，或是對哪一家特別不好，就是一把刀切下去，把不合規的鏟掉。

這事情發生後，我認爲南光學到一堂課——不能只悶著頭做自己，而不管外在的變化。換句話說，就是不能只是專注自己的生產、工廠，產品和客戶，不放心思在對外事務，例如社會關係的經營、及法規的熟悉及了解等等。要把企業經營好，本來就要即時抓住政府的政策脈動及變化，同時也要打好跟同業的關係。我個人認爲，這件事是王總積極投入公協會運作（二〇一四年擔任製藥發展協會理事長）的原因之一。

因爲公協會有跟政府溝通協調的權力，尤其是理事長，就是公協會的代表，有新的政策、政府一定會先找理事長來談，理事長可以得到第一手的消息，而且也可以把業者的心聲講出來，是政府和業者之間溝通的橋樑。

做理事長要花時間、也要花錢，對王總來說是一個很大的轉變和成長。她在理事長任內都是親力親爲、非常投入，時常來臺北和官員及同業見面，比起她一直都待在臺南，更能與國際接軌，和政府的關係也比較好。

我相信王總在理事長任內至少有三大收穫：第一，明白政府規定的重要性，因爲政府的法規都是跟著時代滾動更新的、會越來越嚴格，所以她也在公司裡面會積極培養法規人才。第二，更理解經濟趨勢，包括國內產業及國際上的潮流。第三，是要左觀右顧，和同業維持既競爭又合作的關係，這都是讓公司再茁壯時，非常正面且必要的原素及養分。

找尋新藍海爲眼前要務

因爲 PIC/S GMP 已經是全世界最高、最嚴格的標準了，所以南光未來要找到新的藍海。新的差異性、新的特色、新的市場，才能夠在同業之間再次冒出頭。

在研發新藥的新一輪競爭裡面，南光又回到最原始的階段，算是傳統的製藥業者。王總很跟得上國際脈動，市場方向和潮流她都很淸楚，也曾經來跟我討論過是不是往再生細胞醫療的方面走。

南光的優勢是技術好、品質好，但是劣勢是單位生產成本高。所以南光未來要努力的方向有二：一、增加產品的價值，找到新的藍海很重要，要投入研發，定錨要定對，能看到未來四至五年的趨勢，領先業界。二、降低成本，例如尋求產程的革新優化，像AI管控或是綠能；也可以考慮增加行銷預算，擴大出貨量、使單位成本下降。

南光走向國際市場是必然也必要的，但要鎖定最能發揮的市場去聚焦，不可能面面討好，把戰線拉得過長。現在她的四位公子各有所長，我認爲不分家、南光的實力才不會被削弱。國內很多藥廠都是到第二代接班就不行了，最後結束。

王總是南光的靈魂人物，已經主導了一到兩個世代，但是她接下來最重要的任務，是找到一個接班人，培養出有企圖心、有狼性，像王總一樣有魄力的、有效的CEO。

葉明功

現職：精準生技公司董事長、清華大學及國防醫學院教授、歐洲藥典編輯委員及中華藥典編輯委員。

學歷：英國諾丁罕大學藥學博士。

經歷：前食藥署署長。

04

南光會是年營收破百億的本土獨角獸

漢達生技總經理
陳俊良

我早期在外商工作、從美商到歐商，那時候因為工作需要，必須要跟國內藥廠接觸連繫，所以參加了幾個公會，也包括「製藥發展協會」。南光總經理王玉杯擔任製藥發展協會理事長的時候，信念和執行力都很強，她腦子裡想做什麼，下一步就會有行動出來；據我觀察，應該是因為她日理萬機，時間根本不夠分配，因此一旦做出決定，就絕不拖延，是一位非常突出耀眼的女性公協會理事長。

王總的年紀和晟德集團董事長林榮錦比較接近，他們都是北醫藥學系的高材生（編按：王玉杯為大林榮錦七屆的學姐），是我們的長輩；業界都知道「北醫幫」創業能力很強。藥業在臺灣有很強的競合關係，既要競爭，又必須彼此合作；如果和其他學校相比，北醫畢業的學生總是更能彼此互助或結盟。

而王總又是北醫幫的箇中翹楚，尤其身為業界裡為數不多的女性。她在藥業有很高的信譽，一呼百諾。

王總顧全每一個層面，擇善固執

我和王總認識超過二十五年了，因爲我是臺南人，南光也在臺南，後來我們培養出一分特殊的情誼。我發現她不論是在家庭、宗教、製藥事業各個領域上，都非常的執著、堅定，算是「擇善固執」的程度。

在事業經營上，「擇善固執」這個人格特質放到行銷學層面來說，就是公司和產品的定位清楚，只要目標清楚，接下來建構好工程，成功就是早晚的事了。

在家族裡，她把兒子的專業分門別類、各司其職，我就覺得這太厲害了。第一，要能生這麼多個兒子才行；第二，要會培養、會教導；第三，還要有一個量體夠大的公司，讓他們可以分掌不同部門。放諸國內外藥廠，都很難有人做得到。

我經常聽到她提起家庭生活，媳婦進門都要按照她的規矩來，兒孫假日一定會回老家陪長輩，我很羨慕，這是很多人想要的生活。他們家的孩子都很乖，當然第一個是媽媽「Hold 得住」，第二個就是孩子本性善良，彼此相處和樂。大兒子本松控管最根本的營運，次子本忠負責 RD（研究開發），三子本龍及四子本霖屬於 BD（商業拓展），RD、BD 在麥可・波特（Michael Porter，美國著名管理學家）內部競爭力理論上的兩端，各占三十%，很均衡。稍稍可惜的是，王總四個兒子都溫和善良，感覺缺了一點王總的剽悍，外界可能會擔憂，南光的第二代少了一點企圖心，不爭不貪，就怕以後在市場廝殺時，會被人家爭、被人家貪。

不過王總的個性誠信正直，對於家族接棒者的安排、或是對於股價的漲跌，並不會刻意的去操縱，我相信跟她是虔誠的佛教徒的信仰，以及和個人的信仰和價值觀有關。

王總在家庭全力以赴、宗教全力以赴、事業全力以赴，太面面俱到了，用台語來講，王總是一個很好的「新婦材（台語，指把媳婦這個角色做得傑出的人）」，我說陳立賢董事長能夠娶到她，眞的是非常幸福、幸運。但是我也要坦白說，有時候一個人要做好所有的角色、犧牲的就是自己；做爲她的小老弟，希望她多疼愛自己一些。

製藥發展協會六次出國，帶領同業進行商務拓展

王總擔任製藥發展協會二屆理事長，與學名藥協會和製藥公會之間的區隔，就在於「發展」兩個字。

本土三大製藥公會裡面，我認爲製藥發展協會是最難做的。多數同業會認爲，製藥發展協會既然有「發展」二字，就應該側重新藥研發藥廠，而新藥和學名藥又

是彼此消長的競爭關係，所以這本土的三大公協會，就形成「各有立場」的局面，製藥發展協會經常會被學名藥協會和製藥公會牽制。

發展新藥，你就變成一個小外商，就和 IRPMA（International Research-Based Pharmaceutical Manufacturers Association, IRPMA 中華民國開發性製藥研究協會）很像，所以後來才會成立 TRPMA（Taiwan Research-based Biopharmaceutical Manufacturers Association Collaboration，台灣研發型生技新藥發展協會），會員都是純粹的新藥公司。

國內的健保給付，一瓶點滴比舒跑還便宜，一顆藥比糖果還便宜，業界都耳熟能詳。在得不到資源的情況下，藥廠往國際市場發展是必要的。站在王總的立場，國內的基礎結構要穩固，才可以走得出去，如果一棵樹的根都枯萎了，枝葉要如何向外延伸並茂盛呢？所以國內的基礎藥業要能生存是很重要的。要走出去，公司的投資就要擴大、以維持良好品質，所以她的角色扮演是很辛苦的。包括她公司南光，以及製藥發展協會，都要面臨平衡傳統學名藥和新藥發展之間的難題。

王總擔任製藥發展協會理事長時，總共組織了六次國外參訪團，她認爲臺灣的藥廠要有國際的 Network（網絡），包括業務上、法規上，要能夠對接；她很有想法和規劃的。她看上我的 BD（Business Development，商務拓展）能力比較強，因此倚重我擔任常務理事。她交代你做什麼事情、也會一直緊盯著你，應該因爲她是位自我要求也高，做什麼事情都很拚命、全力以赴型的領導者。

例如協會去北京那一場，認識了很多當地的藥廠，我們才知道原來臺灣很多人早就過去布局了。大家想西進，當然希望能夠做生意、法規可以打得通，王總也找了當地相關規管單位來說明法規，了解兩岸在法規上的不同之處。對同業來說，王總就是引了一個線頭，讓大家可以循著這條線，去自己 Mapping（配對）找到適合的廠商。

當然，臺灣要向外拓展生意，還是有政治上的困難，例如去馬來西亞，他們的官員知道我們隨行者有政府機構人員，要跟我們見面還是會有很多顧忌，溝通協調許久，最後才派出層級低一階的官，避免不必要的麻煩。

南光帶領同業進入日本市場，成爲獨角獸指日可待

至於南光未來的發展，我認爲南光正走在「從臺灣傳統藥業出發，轉型成爲與國際接軌的開發型藥廠」這條路上；雖然還沒有完全定型，但是可以看出它成功的軌跡，只需一些時日，變成一個臺灣傳統藥業的獨角獸指日可待。

我認為幾年之內，南光年營業額非常有機會達百億以上。雖然生達、中化與永信眼前營業額規模都比南光還大，但是我認為只要定位清楚且堅持執行、不斷修正的公司，未來的潛力是無限的。

為什麼我對南光這麼有信心？因為他們可以通過日本法規上嚴謹的要求，打進日本市場。這對所有藥廠來說都是相當不容易的。業界都知道，一個藥要通過PMDA（Pharmaceuticals and Medical. Devices Agency，日本獨立行政法人醫藥品醫療機器綜合機構）審核，可能需要長達十年的時間，因為PMDA對安全性的考量是比較高的，主要是亞洲人體型比較小，而且體內代謝酶與西方人也不一樣，所以除了法規不同、劑量也不同，可能只有二分之一或三分之二。十年才能磨一劍，多不容易啊！

日本的癌藥市場非常龐大，南光領先進入日本市場這一仗，代表已經突破困難，找到可以切入的利基。南光也有機會成為其他國內藥廠進軍的敲門磚，譬如說其他藥廠可以委託南光成為夥伴，一起進入日本市場。

通常這種領先的利基在一開始時、不會讓你賺到太多錢，但是第二層、第三層往上堆疊後，公司獲利就會進入大爆發的階段，我可以預期南光就是走這個成功的路徑，所以我認為南光走到這一步後，獲利將大為可觀。

相對於南光比較聚焦在日本跟東南亞市場，跟漢達專注美國市場比較不一樣。走這兩個市場的策略不同，去美國的話就會要面臨很多官司。其實日本的市場也夠大了，而且連日本政府對藥品把關這麼Picky（挑剔），南光都可以應付了，想必去美國應該也不會有太大問題。

王總常常見面就誇獎我，說漢達很會賺錢、很有生意頭腦（因爲漢達已經拿到幾張美國的藥證及訂單）。但我總是回她，「莫按呢講，實在卡重要（不要這麼說，實在比較重要）」，因爲王總就是那種很踏實、把每一步都站穩的人。

臺灣有臺灣的優勢，南光就是一個絕佳的例子，可以找到自己的利基，在衝撞多年之後，找到自己的立足點。

南北差距及臺灣藥業隱憂

臺灣藥業發展有南北差距，這是先天的環境使然，南部實在太熱了，像我在高雄醫學院唸書時，只穿一條內褲還是熱，大家比較不願意去那裡唸書。除了天氣之外，還有資源分配的問題，南部相較之下就不那麼吸引人才。找錢和找人，都一樣不容易。

漢達也有設廠在臺南科學園區裡面，建廠和招募的過程明顯比北部困難。錢的部分可以靠公部門的補貼，但人才就很難尋。

南部有藥學系的學校算一算，僅有高雄醫學院、嘉南藥理大學、大仁科技大學三所。大家都在搶人才，一個藥品公司需要的人才多得讓你想像不到，尤其如果要拓展國際市場的話。所以在南部如果不跟學校合作，很難留住人才。像陳立賢董事長就是南臺科技大學的創校理事之一，因爲學生已經適應南部的環境才容易留下來。但是北部的學校就很多，因此南部藥廠在起跑點就居於劣勢。我想這是南光也不容易克服的。

另外，臺灣藥業要到國際競爭的根本問題，就是生產規模太小，單位生產成本太高。要不然國外的市場這麼大，理論上，臺灣藥廠出口業務占比應該要九〇%才是。但是因爲我們生產成本太高，沒辦法去國外競爭。這是國內藥廠目前共同面臨的問題，南光外銷的比重接近四成，在傳統藥廠裡面已經算非常高了。

臺灣政府各部門是一個Silo（存放穀物的獨立筒倉），各自爲政。例如說，要求品質的單位，及制定藥價的單位，彼此不容易橫向溝通，既要求高品質，但給付的價格卻很低；一塊錢的東西希望做到五塊錢的水準，可以，但前提是要走出國際。

這樣藥廠要怎麼因應？非常辛苦。這就是王總在當理事長時希望可以爭取改善的，希望居上位者能從根本的體制上解決，要先把各單位、也就是每一個Silo都放在同一個框架裡面；共同擬定一些解決辦法；例如進行總量管制，一個藥由五家廠商來生產的話，大家都有飯吃，但如果你開放一百家，那大家都沒水喝。政策應主導產業發展，追求平衡及和諧。

陳俊良

現職：漢達生技醫藥總經理、TPADA臺北市西藥代理商業同業公會監事會召集人、CPMDA中華民國製藥發展協會常務理事、高醫藥學文教基金會顧問。

學歷：國立臺灣大學管理學院碩士。

經歷：東生華製藥總經理、華瑞生技醫藥董事長。

Part 2

南光一甲子

01

南光創辦人陳旗安：

開創家業，樹立典範與願景——

南光董事長陳立賢口述

從學徒到創業，立志成爲南臺灣之光

我的父親陳旗安出生於一九二五年，年幼家貧，他五歲時我祖父過世，所以他小學就開始幫忙家計，每天清晨起床，先到臺南東門城附近賣油條等早餐，等到快到上學時間，再走路一個多小時，到臺南市「末廣公學校」（現爲進學國小）上課。

小學畢業後，父親去「存仁藥房」當學徒，由捆貨、送貨做起。他不僅工作認眞賣力，也很有生意頭腦，發現賣藥給藥房只能收支票，但若是賣給診所，可以收現金，所以深受存仁藥房洪老闆的賞識，十六歲時就被拔擢爲全省業務主任。跟他往來的醫生和中盤商都非常喜歡他，他業績好到連日本的供應商「武田製藥」還特別到臺灣來，看他到底是怎麼樣的厲害角色。

獨具商業膽識，赴中國搶藥拚搏

一九四五年中日戰爭結束，父親聽說日軍在中國留下很多軍用藥品，但當地人多不知道如何使用西藥，而且那時候臺灣的藥品只倚賴日本進口、非常缺藥。他看好這個良機，即使只會講臺語、日語，完全不會講普通語，毅然決定和一位親戚一起出發，去中國拚搏。

當時他們先坐船到香港，再前往上海，但中國戰後非常動盪混亂，同行的親戚因爲害怕、不敢往下走，就先回頭了；僅剩他一個人繼續前行，去蒐購日軍留下的藥品，可以說非常有勇氣和膽識。

後來爆發國共內戰，要進內陸太危險，父親就藉著船運，繼續前往天津、北京、青島等沿海的城市。據父親轉述，坐船風險也很大，因爲輪船在港口靠岸時，水手是水手，一離開港口，水手就變成強盜，開始搜刮乘客的財物，能搶就搶；父親只好把錢和貴重的東西縫在棉襖或鞋底裡層，以防被盜。

父親靠著買賣藥品，一度賺到好幾個布袋的「袁大頭」銀幣，他把銀幣埋在住屋後方一棵大樹底下，等待機會帶回臺灣。沒想到一夜醒來，當地省主席投降、該省宣布淪陷，父親的會計遂去向共產黨密報樹下藏有銀兩一事，結果錢全部充公，人也被抓走。

他趁亂脫逃，裝成乞丐先逃到韓國、再流浪到日本，繞了一大圈才回到臺灣。存仁藥房的洪老闆曾對我說，「你父親若不是爲了你們（指臺灣的妻兒），以他那麼有生意頭腦，如果留在日本、一定很有發展。」

回臺後，父親先在建國路（現青年路）開設「東興藥房」，做藥品中盤生意。一九五三年後，搬到開元路並設立「太平洋化學研究所」，做動物用注射劑的製造與銷售；當時我還在念初中，記得父親是用炊粿的蒸籠來進行注射劑的滅菌，這是現代人完全想像不到的製藥年代。到一九六三年，父親創立「南光化學製藥廠」，將動物用注射劑製造併入、成爲南光起家的基礎。取名南光有「南臺灣之光」的涵義。

刻意培養，選媳傳承家業

南光第一代的廠房位於臺南市東門路（現爲長榮路），是父親在一九六一年請一位深諳地理風水的廖大師幫忙看的。

當時看地時，一進入舊房屋裡，即見樑柱上貼滿符咒，可能前屋主看到什麼不好的東西；一般買家見狀都會卻步，廖大師卻鐵口直斷：不用怕，改一改就會很好。當時預計要蓋三層樓的廠房，父親手上資金不足，廖大師也說：你放心，只要開始營運、錢財自然會進來。所以父親借貸多數的錢來買地蓋廠房。果然廠房蓋好後，南光順利趕在一九六三年最後期限前拿到甲級藥廠執照，公司營運也快速開展，沒有幾年，父親就把借款還清了。

一九六九年七月我當兵退役，準備開始工作，這是父親最期盼的一件事。因爲廖大師說，父親的好運只到四十八歲，所以父親希望我這個長子可以趕緊接手他的事業。

他先帶我到中部幾家大型醫院拜訪，教我一看到醫生要大聲問候：「せんせい（日治時代對醫生的尊稱，一直沿用到民國六十年代），你好！」旁邊的病患聽到，會認爲這醫生值得尊敬，醫生也覺得有面子；從這個細節就知道父親做生意很有訣竅，知道重點在哪裡。他叮囑我，你要掌管一家藥廠，一定要先了解市場的需求，才知道未來的路要怎麼走。

他帶我第二次出門，就要我騎摩托車載他，三次之後，就要我自己出門了。前半年，我先在嘉義地區跑，後半年，每個月去一趟臺東和花蓮，騎摩托車從屏東楓港進去，經過臺東、再到花蓮縣新城鄉，拜訪完最後一個客戶才回頭，前後需要八天的時間。當時東部是臺灣建設最落後的地方，不但道路不好走，橋樑都被大水沖斷了，常常只剩下木板做的臨時棧道可以走，有時甚至連棧道都沒有，要找水位最淺的地方、加速衝到對面去。我知道父親這是刻意在訓練我、栽培我。

父親也積極安排我相親。父親一看到玉杯，馬上就說這個面相很好、又是學藥的，要媒婆追去女方家談定親事。玉杯嫁進來第二天、我們先回到玉杯的娘家吃「回門宴」，第三天父親就把調劑工作，和生產製造的責任，完全交給玉杯了。

玉杯當時很辛苦、每天清晨五點多就要起床做藥品的調劑，當時都是手動的，還要負責產品的化驗以及原料的分析，還要負責生產管理；然後我負責公司的營運，包括管理外勤業務和採購原料，唯獨財務不屬於我們夫妻掌管。

聚焦注射劑產品，奠定發展方向與基礎

由於父親從藥房學徒到自己創業，對於市場需求非常熟悉，他認爲注射製劑規格要求高，技術層次高、設備成本高、競爭者少，所以很早就決定要經營一家專注於注射劑開發的藥廠。

南光成立初期就申請註冊兩項抗生素注射劑，及一項副腎皮質賀爾蒙注射劑，

當時這三項藥品都是市場重要、且暢銷的產品，足以證明父親很熟悉市場的趨勢。其中之一是「鹽酸羥四環素注射劑」，那時臺灣市面上只有兩個產品，一個是原開發廠美國輝瑞製藥廠製造的、是進口的，另一個就是南光的產品。輝瑞的藥品注射後非常疼痛，甚至注射處會結塊、必須要熱敷，但南光能開發出無痛性注射劑，技術上是勝過輝瑞一籌。

而且在價格上南光也有優勢，當時一瓶十CC輝瑞賣一百一十元，南光只賣五十元，所以市場漸由南光取代。後來輝瑞向法院提告南光侵犯專利，主張輝瑞是原開發廠，由於專利證據不全，南光勝訴，所以南光初期就靠這三項產品起家。

到我們第二代接手生產及銷售工作後，爲了專注於人用藥物的注射劑的開發與營運，加上不看好動物用藥的前景，在一九七三年就決定完全放棄動物用藥品的生產銷售；後來證明當時這項決策是正確的。

一直到目前爲止，南光仍爲全臺最具規模的注射劑藥廠，環顧臺灣甚至全球，注射劑藥廠占比很少。所以父親幫南光奠定了好的基礎，也設定了正確的方向。

02

接手半世紀——

王玉杯打造南光傳奇

走過困難且不順遂的前半生

我在一九四八年初出生於高雄岡山，當時是二次戰後臺灣光復的年代，日本人已從臺灣撤退，但臺灣經過長期的戰亂，百廢待興；一般人的生計都不是太好，除非有接收日本人留下來的產業，或在公家單位服務，家境才會比較優渥。

我父親年輕時曾在鐵路局謀得一個小職務，他原本是臺南市人，鐵路局配發給他在岡山的宿舍，因爲生活不易，所以父親放棄臺南祖厝的繼承權，帶著媽媽和姐姐離開家鄉，到岡山居住，我剛好在那個時候出生。

住了一陣子，因爲岡山沒有親友可以互相照看，父母又決定搬到旗山，去依附大姨媽和舅舅。父親找到一位唐山來的師傅，向他學習醫術，母親則在一間小廟旁的菜市場裡，搭著簡單棚架幫人做裁縫。父親初期只是學徒、沒有薪水，家裡僅靠媽媽的裁縫收入作爲生計，生活是非常艱苦。

體弱險被送養，五歲前都站不起來

我生下來時不曉得什麼緣故，全身都軟趴趴的；可能是媽媽在懷孕時服用了某些藥物造成。加上不是父母期待的男生，原本想將我送養，可是媽媽不捨、把我留下，所以遲報戶口一個多月。

我一直到五歲前都沒辦法站起來走路、最多只能坐著。媽媽做裁縫工作很忙，只能把我放在裁縫桌上，只要不會跌倒、不會滾下來就好。有時候媽媽會叫姐姐帶我，姐姐就把我揹在背上到處跑，但她想玩、嫌揹我麻煩時，就會把我放在泥土地上。有一次我印象很深刻，姐姐跑遠了，我自己在泥土地上一直爬、一直爬，最後掉到廟旁邊小溝渠裡；媽媽好不容易才找到我。

我們在高雄旗山住了幾年，直到姐姐要上國民小學了，父母才又從旗山搬回到臺南市內，因姑媽介紹、在成功路上附近租了一個十幾坪的店面。

店面靠馬路的前面三分之二用來做生意，一半是父親的中藥鋪，一半是媽媽的裁縫店；後面三分之一就是我們的住處，隔成上下鋪，爸媽睡下面榻榻米、我和姐姐睡上面，爬樓梯上去都只能彎著身，是完全站不直的。走道旁放一個瓦斯爐煮飯，最尾端則是一個洗臉臺，沒有浴室、只有在洗臉臺周圍加上一個簾子、當作洗澡的地方，上廁所則要到房屋外面、市場旁的公共廁所去。

隔了幾年，父親考到中醫執照，他選擇外科路線。他醫術高明，很多病都會醫，像營養不良、罹患「佝僂症」的人，他用一種叫「棺材板」[1]的藥材來醫治；有的人大腿或是屁股上爛了一大塊，那個窟窿深可見骨，父親自己做膏藥，印象裡放了楊枝和麻油等，先對折疊合起來，再視病人不同症狀，加入紅丹（用鉛加工製成的四氧化三鉛）或其他藥粉後，貼在患處醫治。

我記得還有一個高齡九十多歲的老婆婆，幾次突然間休克，父親用童子尿（五歲以下孩童的尿）把她救回來；依現代科學眼光，可能因爲裡面有尿激酶[2]（Urokinase），可以溶解栓塞的關係。

1 棺材板是藥材名，中國部分區域會將棺材板長出來的菌絲體作爲中藥。

2 Urokinase：尿激酶由腎臟生成，可直接活化纖維蛋白溶酶原轉變成纖溶酶，成爲第一代天然溶栓藥。

那個年代大家都窮，尤其從鄉下來的，父親看他們穿著布衣、東補西補的，很少跟他們收費。這些莊稼人爲了感謝父親，就會送一些自己種的稻米、地瓜，或是養的雞、鴨，給父親當謝禮；我們就這樣維持很簡單的生活。

我到現在還留著父親行醫時手寫的藥箋本，紙非常地薄，上面的字寫得密密麻麻，非常工整漂亮。他們那一代因爲戰亂，只念到小學畢業就沒有辦法繼續讀書，但父親可以跟唐山來的師父學、就考上中醫執照，還是有一些天賦的。可惜我們家只有生女兒，嫁出去後就忙著夫家的事，沒有人繼承父親的醫術。

最後一屆考初中，考上臺南女中

因爲家裡沒錢，我沒有上過幼稚園，不知道注音符號怎麼寫，也不知道數字「1、2、3、4」長什麼樣子，就直接去讀國小一年級。同學大部分都讀過幼稚園，一開始我聽老師說「某某同學考一百分」，其他同學就會鼓掌；但是我只拿零分，才知道原來「〇」是長這個樣子。

幾個月後，有一次老師考試，要我們寫眼睛、鼻子、嘴巴的注音符號，我終於第一次得到一百分！老師叫我的名字站起來，下面同學替我鼓掌，我看了考卷才知道「100」原來是一個一和兩個零。所以我的人生一開始就是比別人辛苦，起步比別人慢。

我小學總共有三個老師，都非常疼我。那時候的老師多會在自己家裡開課做課業輔導賺外快，記得一個月要繳三十元；家境不好的同學沒錢參加，老師對他們就會比較沒耐心，若在上課時回答不出問題，很容易被老師罵，或是被罰在走廊上搭肩「跑火車」（罰搭肩跑步、就像一節節的火車）。

我們家當然也沒錢參加，但是低年級的老師還是對我很好，可能因爲我一直都很按部就班地認眞學習，也很聽話、從不搗蛋。小學時，每學期會辦一次郊外遠足，我們家沒錢讓我參加，但老師會記得我，帶小手帕之類的紀念品回來送給我。

中年級的老師，因爲難產過世，非常遺憾。到高年級時，我的成績已經很好。我當數學小老師，老師會叫我在黑板抄題目，然後同學在下面作答。我抄完題目也要趕快回座位把答案寫完，可能因爲這樣的訓練，讓我數學很強。

家裡沒有空間放書桌，我一般唸書只能坐在床上，把作業放在膝蓋上寫功課。所以我最喜歡同學找我去她們家，這樣我就可以在書桌上寫字。

記得有個同學的父親在電力公司上班，家境小康；她功課不好，假日我會去她家陪她寫功課，但到了吃飯時間，她媽媽大聲喊同學的名字催她說：吃飯了，

吃飯了，沒有留我下來用餐的意思；我只好默默回家吃飯，等下午再過去。

另外有個同學家裡非常有錢，是開貿易行、代理國外西藥產品的。有次我們一群同學去她家玩，看到坐式的馬桶，大家都覺得很新奇有趣，還一個個輪流坐坐看！

我們小學畢業這一年，是要報考初中的最後一屆，之後就改成九年義務教育了。沒想到大家都在緊張地準備初中考試時，高年級的黃老師卻突然宣布結婚，大多數的同學都包紅包、去喝喜酒，我們家沒錢包紅包、當然也沒辦法參加。當時辦法跟不上別人，小小心靈自然有點落寞。

我畢業後一直都和黃老師保持聯繫，期間她孩子去美國留學，她也移居美國，我們聯絡幾十年都沒有中斷；十年前，她回臺灣定居，師丈是成大體育老師。他們分配到宿舍，離我們家很近，我更是經常去探望她。因爲我媽媽很早離世，我就把她當成媽媽一樣盡孝道，每一年的春酒或是員工旅遊，我都會招待她一起來，她也非常高興。

貧窮的兒時、晦澀的青春期

我們是升初中要考試的最後一屆，我因爲功課好，考上臺南女中初中部，後來因成績優異，也直升高中部。

念臺南女中時，我們還住在成功路租來的房子，要上廁所一樣得去市場裡的公共廁所。當時我只是一個小女生，很怕看到市場裡面殺豬的肉販，他們喜歡打赤膊，說話很大聲，所以去廁所之前，我會先躲在大榕樹底下，確認四周完全沒有人了，才趕快衝進廁所。

如果我在公廁裡，聽到外面有人進來，我也不敢出去，就躲著，等別人都走了才趕快跑出去。當時的公廁還是那種糞坑式的，在裡面會看到很多蛆蟲在蠕動，所以上廁所很不方便。

家裡承租一樓的店面，二樓以上是一間旅社，房間裡面有廁所浴室，也有大浴池。媽媽看我每次去公廁都緊緊張張地，就去跟旅社的頭家嬤拜託，說我女兒已經是青春期少女了，在外面用廁所不方便，可不可以借用你們的浴室和廁所？頭家嬤很慷慨答應。

但我每次要去借廁所時還是躡手躡腳地往樓上走，內將（櫃檯服務人員）從鏡子裡看到我，會拉高聲音用吼地說：你咧創啥？（台語：你在做什麼），我小聲回答說：我想借便所。她就不耐煩的揮揮手說：去去去！其實她也知道頭家嬤已答應過我母親，只是想要爲難我而已。

會回憶起這件事，是因爲我嫁進南光之後，那間旅社收起來、內將失業了；她輾轉被介紹來我家幫傭煮飯。所以人就是此一時、彼一時；我的信念是，「行得正、坐得直」，多做好事比較重要。我敢說，我一生都沒有辜負別人，不佔別人的便宜。

聯考滑一跤、錯失臺大藥學系榜首

一九六六年，我準備參加大學聯考，媽媽叫我不要念醫科，說醫學系要念七年，念完都變「老姑婆」（指老處女的意思），會嫁不出去，念藥學系畢業還有一個藥師執照，如果自己沒有執業，牌照可以租人。我就乖乖地聽媽媽的話，選擇藥學系。

那時候是先塡志願再考試，所以如果志願沒有塡好，就算分數達到，也可能沒有學校可以讀。因爲我高中成績很好，數學和化學都很強，所以我只塡了五個志願，第一個是臺大藥學系、第二是北醫藥學系，第三是高醫藥學系，第四中國藥學系、第五臺大護理系。大家都覺得我很大膽，不怕沒有學校讀。

第一天考化學，考卷發下來時我先看占二十分的應用題，由示性式、解分子式，然後計算分子量，那個題目我經常在演算，對我來說是很簡單的。我看了很安心，想說不急著寫應用題，就從第一部分是非題開始，然後複選題、塡充題，寫完之後，我還很龜毛，把是非題和複選題全部再反算一次。一直到只剩下最後五分鐘，才開始去寫應用題；但可能心裡慌了，來不及寫完，所以應用題占的二十分我竟然沒拿到。

當天回家之後，我超級沮喪，因爲最拿手的題目竟然沒拿到分數，坐在客廳就開始傷心掉淚；媽媽安慰我，說要帶我去民族路夜市吃宵夜，我都不願意去。隔天考試心情和精神也受了影響，最後放榜我只考上第二志願——北醫藥學系。

南女老師說，我如果有拿到化學應用題的二十分，應該就是臺大藥學系的榜首了，那時候的臺大藥學系只有錄取四十名，其中二十名是僑生保障名額。

整個暑假我心情都很落寞、不甘心；同學約我出去玩，我一概拒絕，把自己關在家裡不肯出門。那二個月我乾脆奮發讀書，買了蔡茂豐教授寫的三本日語課本在家自學，自己用羅馬發音把它念完，那時候覺得日語不難，只是沒有讓外面的老師糾正過，發音沒有那麼準確就是了。

大學專注念書，遺憾找不到房東夫婦

我進北醫藥學系是一九六六年（民國五十五年），我還記得學號是五五三〇一七。因爲聯考沒有考好，念大學時我心情都不是太好，加上媽媽吩咐我不能交男朋友，說以後會幫我做主，所以我除了上學、做實驗之外，幾乎都留在宿舍裡讀書，很少外出參加活動。

那個年代北醫還沒有學生宿舍，我們都要在外面租房子。大一時，我跟兩個臺南女中和一個嘉義女中的同學，在拇指山下合租房子。那是一間三層樓的民宅，房東的房子在二樓，我們租其中一個小房間，前面擺四張書桌、後面放兩張雙層床之後，只剩下非常狹窄的通道，連轉身都很困難。房東王姓夫妻是外省人，很會做麵食點心、或是涼拌菜，看我若待在房間裡，就會拿一點給我。

租屋處一樓是自助餐店，老闆姓曾，剛好也是臺南人，我平常午、晚餐就到他店裡吃飯，他常常會夾給我比較多菜，或是算我便宜。曾姓夫妻看我幾乎哪裡也沒去過，他們要去西門町看電影時會帶著我一起，像《馴悍記》、《飄》都是那時候看的，李察・波頓（Richard Burton）、伊莉沙白・泰勒（Elizabeth Rosemond Taylor）是當時紅遍全球的大明星。

升大二時，因爲大一時一個室友家境較好，父母已經在臺北買房，我們四個人只好拆散，我另外找到校門口對面第二排的房子，和另一個也是臺南女中畢業，念藥學系夜間部的女同學一起租屋；房東是許姓夫婦，也對我很好，還會叫我跟他們一起坐公車上陽明山採橘子。

可惜我大學一畢業馬上就回南部嫁人了，時間被工作、丈夫、孩子絆住。畢業幾年後，我帶著陳董北上，想找這三對在大學時非常照顧我的夫妻，但因爲都市更新、街道樣貌改變，我怎麼都找不到他們的房子。現在過了這麼多年，他們也有年歲，我可能再也找不到他們，內心覺得很遺憾。

大學時候，我眞的很認眞地跟著教學進度，一板一眼地讀書。有些同學一到實驗課，就三三兩兩地聚在一起聊天，叫我：「阿杯、阿杯，你卡厲害！」我就默默按照步驟、把實驗做完。

大三升大四的暑假訂婚之後，我就更自愛了，一個人孤孤單單地生活，直到畢業。我是班上第一個結婚的，當時有二十多個同學來參加婚禮。

我出生的這一年眞的是比別人辛苦，不但是升初中必須考試的最後一年，也是藥學系畢業後、第一年要通過國家考試、才能取得藥師執照的。我們前一屆學長姐，畢業後不用考試，可以直接拿執照。

而且一九七〇年，剛好教育部說北醫有疑似學籍弊案，大考中心限制我們不能參加七月分的國家考試，一直到十一月的第二次考試，才讓我們參加。

這對我來說非常困擾，因爲我一嫁進南光很快就懷孕了，藥廠調劑工作又不能中斷，根本沒時間準備國家考試。那時我才二十三、四歲，同時要應付這麼多事情，眞的壓力很大；媽媽不放心，還陪我北上考試，幸好順利通過、取得執照。

我就是在這一路艱難的環境裡走過來。我們那個年代，不要說電腦，連什麼收音機、電視機都沒有，我們家第一臺電視，是我大四時，陳董和我公公去日本，抱回來一臺桌上型的黑白電視送給我們，當時也沒有什麼大衆媒體，頂多只有報紙，就是很單純、沒有什麼資源，資訊很不流通、且思想保守的年代。

公公選媳婦緊迫盯人，大三訂婚、一畢業就結婚

我是大三時訂婚，和同學完全不一樣，他們多半是畢業後才自由戀愛結婚的。可能一切都是命中注定。

我們家雖然不富裕，但因爲父親常常免費幫人家看病，也有不少人找母親當現成的媒人婆，所以父母的人際關係很好，每天都有很多人到我們家走動。記得

我念臺南女中時，有一年母親已經做了十三次的媒人，那一年家裡的豬腳、糕仔餅等，多到吃不完。

我公公經營南光藥廠後，一心想找一個念藥學系的長媳婦。派出所的管區員警知道這件事後，就主動牽線、跟我公公說：「王先生他家有女兒是念北醫藥學系的。」還跑來跟我媽媽說，「南光藥廠在找媳婦。」

當時我還只是大三的學生，暑假要開始實習了，因爲我功課好、性格溫順聽話，系主任介紹我到淡水衛生檢驗所實習，那個單位就像現在藥檢局一樣，都是政府單位。實習前有休假一個禮拜，媽媽就叫我回臺南，說要幫我安排相親。

可能是我的學歷不錯，相親從星期一排到星期六，每天都有一個要「對看」。男方的家背景都很不錯，有知名建築師、大螺絲廠、知名紡織廠的第二代，除了我先生是念世新（世界新聞專校，現已改名世新大學）之外，其他男生都念醫學系，未來要當醫生的。

[3] 位於臺南安南區，於一九七三年易主改名爲元寶樂園。

因爲我公公堅持要第一個看，就排在星期一。記得那天晚上約在「天仁兒童樂園」[3]裡面的酒店。人家一般相親是男女坐在對面，我公公卻刻意讓我先生坐在我旁邊。那個年代大家都很保守，我又是小女生、當然害羞，怎麼敢轉頭過去看人家？

相親過後，我們坐車回到家門口、腳都還沒有踏進門，後面就一臺計程車追過來，原來是陳家委託的媒人婆，已經追到家裡來了。

那個媒人婆進門後就一直說：「陳家開藥廠很好，你剛好念藥學、很適合啦！而且男生沒有不良嗜好……」因爲相親之前，我有跟母親說我的三個條件，一、男生一定不能抽菸；二、去他家不用洗碗做家事；三、家裡要有花園。媒人也有知道我開了這些條件，一直說他們家很符合啊，眞的很好啦！

媒人婆問我：「就答應了好不好？」我頭低低的，沒有回答。她說：「沒說話就代表答應啦，那星期六就訂婚吧！」母親回她：「不行不行，這樣時間太短、來不及準備啦！」媒人婆趕緊說：「不用準備、不用準備。」就高興地離開了。

隔天，原本安排星期二要相親的大螺絲廠頭家娘，居然直接跑到我們店裡來、說要看我。母親趕緊說，已經被人家訂走了啦。這頭家娘不高興地嘴上一直碎念，「怎麼可以這樣，一定要讓我們看啦。」我在屋裡隔著簾子偷瞄，看到她手上戴著一顆好大的鑽戒，還閃閃發亮著。

雖然訂婚時間很趕，但母親因爲經常在給人家做媒，很清楚風俗禮節，一樣按照規矩、給男方準備戒指等六禮，把禮數做足。訂婚時，姐姐看到陳董的長相時，還取笑我：「你是怎麼選的，選到一個嘴巴這麼大的？」我回答，我相親時坐他旁邊，只看到一半的嘴巴啊！母親還打圓場說：「沒關係、沒關係，闊嘴吃四方啦！」

大家都說，我公公非常厲害，很會挑媳婦，這麼早就把我訂下來。他早年因爲興趣，有拜一個唐山來的廖先生爲師，學堪輿地理，因此懂得看風水和面相；可能看了我十分滿意，馬上差遣媒人追到我家。而且這位廖先生也曾說，公公的好運氣只會到四十八歲，可能這是他急著找藥學系的媳婦，趕快交棒藥廠的原因。

阿根廷成功台商周建宏：

大學時的知識都被阿杯學走了

我和阿杯是大學同班同學，我的座號十六號，她十七號，只差一號，所以我們做實驗是同一組、用同一張桌子。實驗課時，我都對她說：讓你多學一點，等她做完實驗，我再抄她的data。畢業後的同學會，我常跟她開玩笑：「大學我沒學到什麼、都被你學走了，難怪你在製藥界這麼有成就，我只能去作生意。」

阿杯在大學就是一個非常文靜的女生，乖乖的。她不常笑，但也不是臭臉，很好相處。一般我們考上大學就解放了，到處玩，但她不會，從來不會跟我們出去，每天就「三點一線」，不是在教室、實驗室，就是回到租屋處。而且我們大部分同學都是自由戀愛結婚的，當時並不知道她大三就訂婚，一畢業就嫁人。

我觀察她念書或做實驗，就是一種很執著的性格，所以在實驗室的每一個步驟她都會確實地做，非常「頂眞」（台語認眞細心的意思）；反映到她後來做藥廠的事業，面對種種難關，就凸顯出她性格裡「剛毅」的那一面。

到我們這個年歲，很多同學「回老家」了，她打拚五十多年也夠久了，把南光弄到這樣的規模，已經很偉大，連生小孩也贏人家，數量比別人多，孩子成就也好。現在我常叫她要放鬆一點，不要再那麼辛苦。

嫁入南光，人稱臺灣阿信練接班

大三訂婚後，由長輩們看結婚的日子，是看到隔年，也就是民國五十九年農曆十月十六日。所以我一畢業後，沒有在外面工作過，就直接進了南光。

我們那個年代一般人結婚會去蜜月旅行，但我們沒有。結婚後，第二天先回娘家、辦「回門宴」，第三天我就開始上工了。

新嫁娘每天清晨五點起床，一人做三人工作

上工第一天，婆婆便丟給我一本「處方簿」，要我照上面做，我在學校雖然學過調劑，但是當時南光生產的藥品，我在學校沒有做過，於是開口問：「媽媽，這個藥要怎麼泡？」她回我一句：「你不是藥學系畢業的？」我聽她這樣說，只好惦惦（台語：安靜不說話），靠自己慢慢摸索。沒想到包括員工也都認爲我是藥

學系畢業的高材生，一定樣樣都會……。

南光在一九六三年就已經拿到甲級製藥廠的執照，有聘任一個藥師、一個廠長。我結婚前，剛好原本的藥師說要嫁人而離職了，公公就沒有再續聘藥師。所以我一嫁進去，就要同時接下原本是婆婆做的藥物調劑，以及藥師負責的檢驗工作。

後來公公又和朋友投資，成立一家做檸檬酸發酵的工廠，把南光的廠長調過去監督建廠工程，要我也接下廠長的工作。所以我除了做調劑、檢驗，還要兼廠長、負責生產製造，等於一個人當三個人用。

有時候員工臨時請假，我還要遞補上去。再加上申請藥品的查驗登記、取得藥品許可證等等的文書作業，統統都要用手寫或用打字機，所以我要做的事眞的很多。每天清晨五點眼睛一睜開，就停不下來，常常是下午一點半、二點才能簡單吃午餐。

當時南光共有兩條生產線，一條是生產一百CC動物用的注射劑，有十幾張許可證，像氯黴素等抗生素、副腎皮質賀爾蒙、維他命製劑、綜合製劑等等。另一條生產線是生產人用的注射，大概有五、六張許可證，主要是十CC管瓶的注射劑，就是所謂的VIAL（小玻璃瓶）注射劑。員工則有二十多位。

做調劑辛苦的地方有二個，一是要搬原料，必須很早起、很費體力；二就是調劑時，因爲同時要處理很多種類的藥品，必須非常專注、小心。

先說搬原料的辛苦。那時候南光廠房有三層樓；一樓是包裝室，二樓是充填室（民國六十三年新增LVP藥液調製室）；三樓是品質檢驗室、小藥調製室。但是放原料及成品的倉庫，是在另外一棟房子一樓。

所以我每天早上五點起來，要趕快把原料從另外一棟樓抬出來、扛到廠房三樓的調劑室。必須這麼早，因爲工人八點就上班，如果我沒有把藥先調好，工人到了沒有藥可以裝，人力就浪費了。

扛料費力、調劑費神，懷孕還是得做

那個年代不要說電梯、連機械升降梯都沒有，光是扛料就非常辛苦。一天要做好幾種藥，記得那時候光是胺基酸就有十一種成分，還有安定劑，其他還有牛、羊、豬、雞飼料裡添加的維他命，叫「愛肥」。要搬的原料可能有幾十種。如果是桶裝的，我就用滾的，一階一階沿著樓梯滾上三樓，然後再用推的，如果是袋裝，就是用抱的、用拉的。

然後打開桶子，或解開袋子，秤重，倒進三角瓶裡。每一種原料秤完，桶子要封好，袋子要綁好，再扛回去，要花的工很多。

我那時候很瘦，大概才四十公斤，就算嫁進去馬上懷孕，也是照樣扛原料。因爲我公公說藥品處方是商業機密、不能外流，然後先生要跑業務、也負責採購，沒辦法幫我。當時心裡覺得眞的很苦，但我的苦能向誰說？

調劑雖然不像扛料那麼費力，但是相對耗神，必須非常專注。早年我們是用電爐加熱，上面放一個鋁製的洗臉盆煮水，再用一條毛巾蓋在洗臉盆上，一方面防止水滾了會外溢，另一方面把調劑用的三角瓶放在毛巾上，三角瓶才能比較穩定，不會移動、震動；這稱爲水浴法（隔水加熱溶解）。調劑用的是五公升的三角瓶，一面秤料、投料，一面搖晃、攪拌，使其溶解。

我調藥眞得很厲害，把原料比例都記在腦中，可以不用看處方簿，同時操作五種不同的藥物，也就是桌上放五個三角瓶一起調劑，因爲有的要等它反應、有的要等它溶解，我都可以同步做。

待原料都反應後，再倒入混合用的二十公升的廣口瓶，並加入無菌的蒸餾水稀釋，再用玻璃棒攪拌，以目視看刻度是否達到二十公升，不像現在有（容積）量棒可以使用；待確認二十公升廣口瓶內藥液的PH值、濃度都達到標準後，倒進老式的活性碳過濾器，過濾後，一個女工負責用乾淨的玻璃瓶裝塡，另一個女工用橡皮塞把瓶子封好。

使用玻璃棒攪拌是有訣竅的，玻璃棒要懸空，把藥液攪到起漩渦、才能夠均勻混合，如果攪拌棒不小心碰到瓶底周圍比較脆弱的地方，玻璃瓶很容易破掉，這樣就浪費原料、瓶子也報銷了。所以若沒有經過專業訓練，隨便攪拌是很危險的。

我們那個年代道具很簡單，就只有幾種：電爐（加熱調製用）、五公升三角瓶、混合稀釋用的二十公升廣口瓶、玻璃攪拌棒、活性碳過濾器。

新建構LVP點滴輸注液生產線

一九七四年，南光新建構LVP點滴輸注液生產線，這是我公公的想法。他說因爲點滴吊在病房裡，瓶子上面掛南光的品牌，大家都看得到，等於是直接行銷。

注射劑製造流程說明

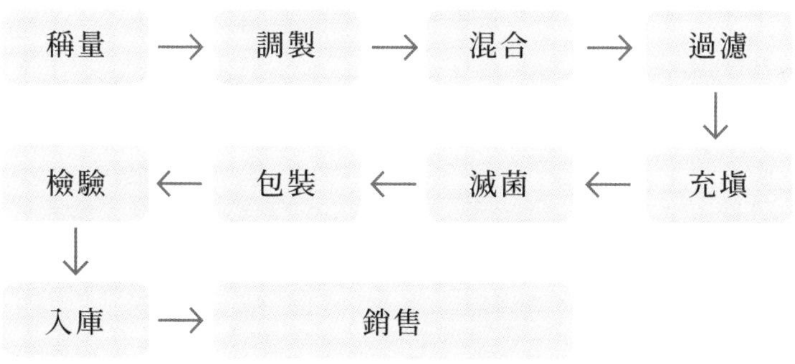

一開始南光每日產量是二千支。因爲一支點滴輸注液的量要五百ＣＣ，我每調配一壺二十公升的藥，只能供充填四十支；所以我每天必須要多調配五十壺的藥，同樣的動作要重複做五十次。

那時我眞的忙得團團轉，一直重複拆袋、秤料、投料、溶解，再混合、稀釋、過濾；小針（十ＣＣ管瓶）藥調完了，又要趕快調製大針（五百ＣＣ點滴），才來得及讓工人充塡。從新建ＬＶＰ產線之後，我幾乎就沒有吃午餐的習慣了，每天忙到傍晚四、五點，才能下樓吃一點點心，再上樓接著工作，忙到晚上七、八點才吃晚餐。

那時候調劑做太多了，到現在隔了五十年，我不用看處方簿、都還記得怎麼做。記得有家媒體採訪我，我說這段歷史給媒體記者聽，他們下的標題就寫我是「臺灣阿信」。

借錢擴廠，力拚三年還清

因爲市場需求很好，公公想要買地擴廠，風水廖大師在一九七四年時，又幫公公看到新化的土地，也就是我們使用迄今的廠址。買地需要三百萬元，當時我母親還健在，由她出面向臺南的布商借來的。

接下來整地、建廠，還需要很多錢，我就和公司會計扛了好幾本厚厚的帳簿，坐自強號到臺北南京東路「中華開發信託」[4]總公司，想借一千二百萬元。那時候我還不到三十歲，會計小姐年紀比我小，兩個年輕女生沒有膽子，要走到地下室的柯姓財務長辦公室，怯怯懦懦地才跨下階梯第一步，地下室就有人大聲問：你們要幹嘛？嚇得我們兩個倒退好幾步。

對方看到帳本說，「這種財務狀況的公司要怎麼借錢？」所以我們只好回臺南。隔了一段時間，一位負責核貸業務孫先生來電，說要來新化實地考察。我和陳董說，我們仍要依計畫開挖、建地基和綁鐵，讓對方知道我們就算沒借到錢，還是有錢繼續整地建廠。

孫先生來現場看過之後，就答應借錢了。簽下五年分期還款的合約，後來我拚著三年就把它還完了，因爲捨不得要付利息。新化第一代廠房的建置前後花了六千多萬元。

[4] 於一九九九年改制爲中華開發工業銀行。

一九七八年南光正式遷廠到新化現址。遷廠初期生產不是很順利，因爲公公認爲我們生產注射液，用水量多（尤其大針），所以主張用地下水作爲原水，處理過再來做注射劑。但因爲地下水的水質會隨著季節變化，我們反覆測試，常常弄到晚上九點、十點，做出來還是不良品，努力了七、八個月後，決定放棄，回頭去用自來水當作原水。

我先生是家裡的長子，老一輩的傳統觀念裡，老大一定要接家業；所以即使他不是念藥學的，小叔裡面也有念嘉南藥專的，但老人家還是要我們接。我和先生也是領公公的薪水，一個月才二千元，跟員工薪水一樣，一個月合計只有四千元，根本入不敷出；尤其我們出門對外不能丟臉，人家都說你們南光是大藥廠啊，我先生同學結婚請喝喜酒，一次紅包就要包二千元，我都不敢講那是我一個月的薪水。

有人會說我們這一房是因爲接了家業才有現在這麼好。說實話，買新化土地和蓋廠的錢，都是我去張羅來的；然後接下南光之後，包括公公婆婆、家族裡大大小小的開支，都要我們負責，有什麼委屈，我也不會去外面講。

嫁進南光後我很認命拚命，只有傻傻地做。我心裡想，公公把南光的責任交給我，我只能比他做得更好。

公公一直很信任我，我們這一代分家的時候，我一度想公開南光的帳本給大家看，公公對我說：「不用，阿爸說了就算數。」公公婆婆後來搬離長榮路住家去跟二叔住時，我對他說，這樣人家會說我們老大不孝順，公公回我：你不用管別人怎麼說，我知道你孝順就好。

被檢舉漏報稅款，遭調查局約談一個月

搬到新化之後，南光竟然被檢舉逃漏稅。我記得很清楚，一九七八年四月二十五日，我剛生完老四本霖，五月一日就發生調查局來公司搜索的事。

當時調查局陣仗很大，派出近三十多位調查員，兵分兩路，一隊到我們長榮路的住家，另一隊到新化廠房，封鎖我們工廠。

五月一日剛好是勞動節，員工沒有上班，新化廠只有我公公和先生兩個人在；我因爲剛生產完，在長榮路住家休息。調查員把兩處廠房的前門和後門都圍堵包夾，而且長榮路這裡，還有人在頂樓制高點監控，任何人都不准離開、也不能打電話對外聯絡，氣氛是非常緊張。調查局指控我們逃漏稅，要罰款五倍，算出的罰金高達一千二百萬元，眞的是天文數字。但我很堅持我們只是記帳不夠仔細、絕對沒有刻意逃稅，更不可能有那麼高的金額。

我不願意畫押，調查局就要我每天去接受偵訊；我每天早上八點就報到，然後傍晚五、六點他們要下班了才能離開，這樣連續拷問一個月。我沒辦法做月子，包括身體和精神上，都眞的是累到不行。

後來案件移送到臺南市稅捐稽徵所法務室，我請一個張姓會計師幫忙打行政訴訟、到省政府中興新村的訴願委員會去。八年之後，南光判罰二十多萬元；加上委託律師、會計師的錢，還有訴訟程序費用，前後加起來大概花了一百二十萬元。

我懷疑是一個員工去檢舉的，她原本是我們的遠房親戚，只有小學畢業，因爲做生意失敗，夫妻都失業，我當時答應僱用他們負責管理倉庫。當時廠內有一種藥，是具麻醉性的鎭痛劑，一支小針可以賣三十元，價格很高，有些不肖人士取得後蒸乾水分做成藥粉，吃下去會有迷幻藥的效果，稱爲「孫悟空」。這個遠房親戚會偷藏這藥在手提包裡，下班時帶出廠房。我觀察一段時間後，趁她吃午餐的時候去倉庫裡，把她手提包裡的藥拿出來放在外面，暗示她我已經知道這件事。我雖然沒有當面揭穿她，但她可能因此積怨在心裡，特別選在我們忙著遷廠、我又在生產時，向調查局去舉報。

建廠初期，我向中華開發銀行借的錢，也剛好是一千二百萬元，這兩件事同時發生在同一年；如果我眞的向調查局認罪，去繳一千二百萬元的逃漏稅罰金，那南光一定會倒。

我還記得，當時承辦南光案子的調查員，說我們夫妻看起來不像舉發者講得那麼惡劣，在一個月的偵訊期間，他也頗覺爲難。在案子結束後，他就離職不當調查員了，還娶了南光去應訊的會計小姐當老婆，定居高雄。

五十年前南光規模還小，沒有委託大型的會計師事務所查核簽證，只有請一般家庭式的記帳員，一個月來公司兩三趟拿資料，登記會計帳和出納帳，所以帳務登記一定不十分準確，總有瑕疵之處。一家公司的經營過程就是會面對種種關卡，但南光絕對不會做違法犯法的事。

此時回想，我當年才三十一歲，就必須處理這麼大的事，一個人去調查局被偵訊拷問，也算是滿有膽量的。

嫁妝是電子秤，來不及報答母親成遺憾

南光的第一臺電子秤（電子天平），是我帶進來的嫁妝。

結婚時，我母親不但沒有收聘金，還依照臺南的習俗準備十二禮，包括金條和十五萬元現金，當時十五萬元是很大一筆錢。因爲以我娘家的背景，套句現代人的話，我算是「嫁入豪門」，所以她怕禮數做不夠，我嫁過去會被人家看不起。

十二禮其中一項就是電子秤。以前臺南人嫁女兒，一定都會準備一臺腳踩的裁縫車當嫁妝，但我不會裁縫，所以她問我要改成什麼，我當時傻傻的，跟她說買電子秤好了。因爲我在大學實驗室都用電子秤，但南光還沒有電子秤。用一般的砝碼秤來秤原料，容易受風力等外在因素影響準確度。

母親也很豪爽地答應，帶著我到臺南的忠義街新芳良儀器行買，當時臺灣還沒有人會做電子秤，只有日本進口的舶來品，一臺要三萬多元、眞的很貴。當時五萬多元已經可以買一棟成功路上三層樓的透天厝了。

回想此事我覺得自己眞的很不應該，父母準備我結婚的嫁妝已經大失血，我還要她買這麼貴的東西，其實我們家沒有什麼錢。

南光自此才有了第一臺電子秤，很可惜我沒有留著這臺老古董。

一結婚，我就連續二年生了二個孩子，因爲我是最小的女兒，母親心疼我工作忙，就幫我帶孩子、煮晚餐；晚上我和先生忙完，才回娘家吃飯、陪孩子。我們常常回去都很晚了，她還是等著我們。

我的前三個孩子都是母親幫我帶的，後來她生病了，有次到醫院量血壓，高到醫生還以爲是血壓計壞掉。生到第四個，母親身體已經很不好，才找奶媽在家裡帶。

一九七九年，臺灣首度開放一般民眾出國觀光，我知道她一直希望能出國走走，趕快去辦護照。沒想到母親到眼睛都看不到了，但我還是忙到抽不出時間陪她看醫生，都是姐姐帶她去醫院。

我永遠忘不了母親走的那一日。一九七九年五月二十六日，母親已經病重到住進逢甲醫院（現在的奇美醫院）。二十七日晚上我們下班後去看她，父親心疼我們辛苦，叫我們回家休息，說他來照顧母親就好。但是我們回家後才停好車，家裡煮飯歐巴桑就在門口對我們大喊說：你父親打電話來，說人已經不行了！我們又趕緊回頭。

趕到醫院時，已經來不及見她最後一面，只看到父親在旁邊哭得呼天搶地。因爲發生得太突然，我整個癱軟在地上、完全不能接受。那時候我還沒有信佛教，不知道人往生之後二十四小時不應該動她，我們手忙腳亂地幫她換衣服，她肚子脹得很大，衣服都穿不進去。後來我猜想她是尿毒症，才會眼睛看不到、腹積水，母親離開時才五十七歲、眞的是太年輕了。

母親走之後，我的眼淚像關不緊的水龍頭，好幾天都停不下來。夜深人靜時，我常常很懊悔，眞是虧欠母親太多太多了，我這個女兒眞是不能生。

記得我念小學時，有個會摸骨的算命仙路過我家，搖著鈴招攬生意，發出哐啷、哐啷的聲音。母親請他進來店裡幫我算看看，算命仙抓起我的手一摸，嘆了一口大氣，母親著急地問：是命很不好嗎？算命仙說：「可惜，生做女生，如果是男生，會庇蔭家裡一輩子。」那時候母親很大方說，「沒關係，嫁出去庇蔭別人家也很好啊！」

所以，你看我做了女生，庇蔭到別人家裡。我回想自己眞的沒有一天回報過母親，一畢業就嫁人了，沒有在外面工作領過薪水給她，在南光領的薪水少得可憐，完全沒有給過她錢。這一世已經沒有報答她恩情的機會了。我把已經辦好的護照放在她靈位旁邊，輕聲地祈求，來世再做母女，讓我能夠盡孝道……。

母親的離世，對父親打擊很大，因爲父親做醫生時救過很多人，但他卻救不了自己的老婆，所以心裡抑鬱到極點，從此臉上都沒有出現過笑容；他甚至不再幫人家看病。每天騎著單車到處遊蕩，怕回睹物私人。第一年我和姊姊決定帶她去美西、美東旅遊散心，父親和孫子一起玩樂，才勉強有些笑容，隔年又出遊歐洲。三年半之後，父親也因心肌梗塞，離開人世。

接下家業，犧牲陪伴孩子的時間

我的五個小孩裡面，老大長最高，之後愈生愈小隻；我想是因爲懷孕還是要照常工作，沒有辦法注意營養，生完小孩也沒什麼做月子。當初結婚時，我的身高還有一百五十五公分，後來老倒勼（台語，指變矮、縮水），可能是付出太多勞力的關係。

前三個孩子都是丟給我母親帶，她買最貴的明治奶粉幫我養小孩，老三本龍小時候有氣喘，她還整夜沒睡抱著哄著；後來母親眼睛看不到，才多請一個奶媽在娘家幫忙。所以母親離世之後，我頓失倚靠，要如何安排五個小孩又要忙工作？我眞的是六神無主。

那段時間鄰居看見我都嚇一跳，說我的臉整個垮下來、看起來比我婆婆還要老。後來我把孩子都帶回長榮路跟我一起住，找管家和家教老師在家裡，把小孩的作息時間都安排好，但這樣也僅能照料他們的飲食生活、確保安全無虞而已。

記得女兒郁旻還沒念幼稚園前，有一次我對她說：妹妹，你去把窗戶關好，結果她一下跑東、一下跑西，我才發現她不曉得什麼是「窗戶」。我既訝異又擔心。後來我才知道，原來大人在新化工作，管家和家教老師下午就一起聊天、喝咖啡，我很無奈，明明知道家教老師沒有發揮什麼功能，但沒人可以幫忙，我又能怎麼辦？

一九八二年是全臺發生兒童綁架案最多的一年，不久後臺南市也有醫生兒子被擄走。當時最小兒子本霖在學校畫圖，把自己衣服上的學號和名字塗得黑黑的。我問他，你怎麼把衣服畫得亂七八糟？他回答：媽媽，這樣才不會被綁架啊。有一次他放學後眞的沒有準時到家，大家都急得像熱鍋上螞蟻到處找，後來他七、八點才出現，原來是坐公車過站了，到終點不知道怎麼回家。

我就這樣蠟燭兩頭燒了好多年，我跟先生抱怨：我不只是陳家的媳婦而已，根本是南光的媳婦。

我最初心裡也不想接藥廠，一但接下來就是犧牲自己的家庭。前二個孩子，我還勉強能做到幫他們月考前複習。但之後實在太忙了，老四和老五，國中畢業就到澳洲念書，住在寄居家庭；我要老三當完兵後去澳洲幫忙看著弟弟妹妹。爲了南光，我沒辦法自己照顧小孩、教導小孩，是心裡的一個很大的遺憾。

兒子們眼中的媽媽

小時候由於父母忙著事業，我們就住在外公外婆家，由他們帶大；爸媽多半只有假日才有時間回來看我們。直到外婆去世後，我們才搬回家跟爸媽同住。

從有記憶開始，爸媽就是嚴格要求我們一直念書，連看電視卡通都不准；做錯事、調皮搗蛋，或考試考差了，就要接受處罰，有時用藤條打手心、有時是跪算盤。老爸脾氣比較好，不太會開罰，但如果媽媽要求，還是要聽命行事，負責「執法」。

老大本松小時候最聽話，較受到媽媽疼愛，所以受的皮肉之苦也少，除非犯了嚴重的錯，比如說打傷鄰居小孩、就一樣得跪算盤。

老二本忠在國中前都非常活潑好動，而且相當有實驗精神，常把東西從二樓往樓下丟，觀察物體重力加速度的變化。小學下課回家後，第一件事就是開電視偷看卡通，並隨時注意窗外，一看到爸媽車子回來，就趕快把電視關掉、假裝看書。考試考不好會被打手心，然後爸媽會趕快找家教老師補救，國中之後，本忠才開竅、成績變好。

本龍回憶，自己從小是最頑皮的，因身體不好，外公外婆很費心照顧到五、六歲。因爲不聽話，有時候被罰跪算盤超過一小時，跪到算盤上的珠子壞掉，必須重買新的。因爲功課沒有哥哥好，只考上臺南二中，然後一路被媽媽念到長大。

外婆過世後，我們搬回長榮路與爸媽同住後，小學放暑假都要跟爸媽到工廠去，以廠爲家，下午就在工廠二樓午睡。國中之後，暑假到工廠就要幫忙裝瓶了，按照工作的時數計算工資、自己賺零用錢。

媽媽年輕時因忙於工作，有請一位阿姨協助準備我們的三餐，一直到了四十幾歲她才進廚房開始學做菜給我們吃。她把最自豪的調藥功夫用在料理上，在外面如果吃到什麼好吃的菜，她回家試做一次就有八、九分像，幾次後、甚至還可以「優化」口味，做得比餐廳還好！

媽媽性子比較急、追求完美，和她一起工作時，她若認爲有什麼事應該改進，會馬上直接說，一分鐘都不能等；若到了半夜事情沒弄完，她到凌晨三、四點還會用訊息交代事情；我們五個孩子勸不動她早點休息，只能讓和她同住的最小孫子陪她、希望她作息正常些。

因爲要處理的事情太多了，她習慣會把規則定好，比如說他們現在跟老大本松住、晚餐是大嫂負責，另外三個媳婦就要輪流帶中午的便當給爸媽。其他三個兒子住在老家附近同一棟大樓裡，假日一定要帶孩子回老家探望爺爺奶奶，不能例外。

媽媽在我們眼裡就是一個強人，沒有她、就沒有現在的南光和現在的我們。

（本文爲本松、本忠、本龍口述整理）

王玉杯與南光、家人的舊日時光

創辦人陳旗安 16 歲時的照片。

創辦人陳旗安先生（中）與陳立賢董事長（右一）。

第一代廠房座落於臺南市區，圖中人物爲陳立賢的三弟與四弟。

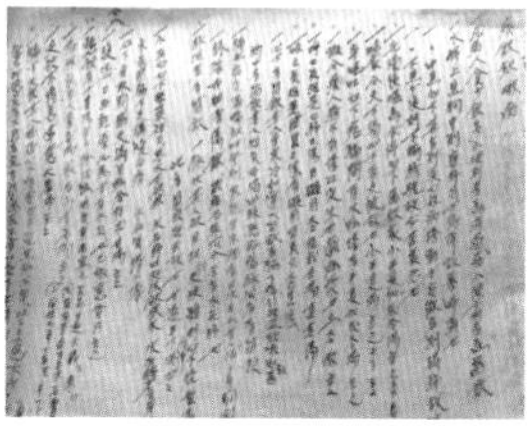
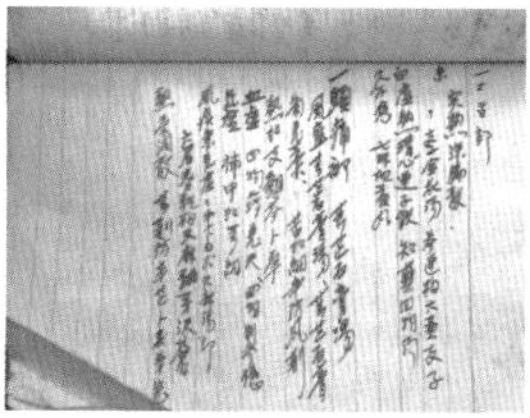

王玉杯珍藏著父親的中醫師證書與手寫藥箋。

王玉杯大學畢業時與父親合照。

王玉杯父母親合照。

王玉杯學生時代難得出遊照片。

王玉杯大學畢業時與母親於臺北醫學院合照。

王玉杯和母親（圖中）於臺北醫學院合照（左一翁淑環同學）。

一九七〇年，陳
立賢與王玉杯結
婚照片。

王玉杯父母親與
孩子們合照。

王玉杯婚後請母親
協助照顧孩子們。

母親過世後，王玉杯帶父親、長子本松、次子本忠赴歐洲旅行，此爲義大利聖馬可教堂前廣場。

王玉杯與父親在法國凡爾賽宮花園留影。

1983 年王玉杯全家福於臺南鹿耳門聖母宮留影。

忙於工作的王玉杯仍會忙裡偷閒安排全家旅遊，出外踏青。

陳立賢與王玉杯參加次子本忠於美國密西根大學藥學博士班畢業典禮。

王玉杯與陳立賢積極培養四個兒子接班，由左而右為本霖、本松、本忠、本龍。

03

技術本位突破專利、買德國機器、前進日本市場

以高技術改變凍晶藥品成注射液，領先取得數張藥證

南光在打出了「點滴王國」的名號之後，也極思開發新的藥物。但民國六〇、七〇年是沒有網路的時代，要查詢蒐羅資訊的管道，對比今日實在非常少，當時我在開發新產品及設計處方時，能獲取新資訊只能靠二種途徑：

一、從原料供應商取得的資訊，我應用實驗室檢驗原料定性、定量的方法，去了解原料（API, Active Pharmaceutical Ingredient）的物理化學性質；

二、參考原廠藥物處方、產品說明的書籍《Martindale》（中譯爲《馬丁代爾大藥典》）[5]。

[5]《馬丁代爾大藥典》，由英國醫藥出版社於一八八三年首次出版，參考書列出了約六千種全世界使用的藥物，包括超過十二萬五千種專有製劑的詳細資訊。

根據這些資訊，我自己設計、成形藥品，然後進行安定性試驗、再送件登記申請藥品許可證；有幾項產品的開發，走在市場最前端、領先上市，詳述如後：

一、Sosegon 注射劑，主成份是 Pentazocine 1ml Amp，有十五毫克及三十毫克兩種劑量，解熱鎮痛效果超好，是嗎啡的三倍，但沒有成癮性，南光取得第一張學名藥許可證，一上市即獲好評，銷售量及毛利非常好，那個年代每安瓶一毫升售價即高達三十元。可惜好景不常，問世不久，社會一些非法人士即將其用於迷幻劑，當時新聞曾瘋狂一時，即所謂的「孫悟空」迷幻劑，因造成社會混亂不安，不久藥政處即來文取消許可證，不得再製造了。

二、Nakasser 30mg/Cap 主成分：Diltiazem 降壓劑，是治療高血壓的。記得當時有位藥師代理田邊製藥這項產品，後來因某一因素找上南光，希望我們申請此藥證，並要求此產品的品質規格，包括要求達到三十分鐘內的「溶離率」（Dissolution Rate），那個年代口服製劑只有崩散度（Disintegration）的規格，大家並沒有溶離的觀念，也不知道如何處理。但有生意我當然要接下，之後我查閱一些公定書，採用高分子黏著劑，用 Matrix 的混合製程，幾經試驗，終於能達到客戶的要求規格——也就是在三十分鐘內達到七十五%的藥效，其餘二十五%則慢慢釋放、繼續維持穩定的血壓，此亦是在口服製劑處方技術上的突破，並取代田邊製藥大部分的市場。

三、Dianlin 得安寧注射液，主成分 Diazepam 鎮靜劑。原開發廠爲羅氏（Roche）製藥。

四、Ketoprofen 可多普洛菲注射液，解熱鎮痛劑，主成分 Ketoprofen，對水極難溶解，原廠是凍晶注劑（Lyophilized），南光是第一家將其改變爲注射液的。

五、Famotidine 泛胃定注射液，主成分 Famotidine，胃腸潰瘍藥，原廠爲日本山之內製藥。

前述第三至第五項注射液在原廠皆是凍晶製品，生產凍晶製品必須投資凍乾設備，因製程關係，成本偏高、售價昂貴，所以陳董要我改變劑型，改成注射液的話不需經過凍乾製程，且經過測試，藥品在室溫儲存條件下效價不變、安定性也沒有問題，這需要有相當的配方技術，才能克服。

這三項產品都是我第一家突破處方安定技術、取得藥品許可證的。只可惜當時我沒有專利的常識，所以沒有去申請專利。記得當時羅氏藥廠還派人來了解，怎麼能有注射液的產品？甚至抽樣回去研究。

跨出臺灣——
與美研發PP軟袋、買德國機器、進攻日本市場

我國政府自一九七七年想要推動藥品GMP（Good Manufacturing Practice，優良製造作業規範）認證，一九八二年正式頒布藥品優良製造標準的法規指引共六十條，推動實施藥廠GMP制度。這次的藥品升級制度，距離前一次藥廠分爲甲、乙、丙三級的一九六三年，足足相隔二十年，因此就算法規指引出來，很多藥廠覺得流程繁複瑣碎，無所適從。

依照GMP的要求，每一個藥都要編寫一本「Master File」，就是「製造管制標準書」，詳實記載生產時每一個步驟的SOP（標準作業流程）。比如說原料如何儲存管制，調劑的比例及步驟如何，到每一個工作站時要怎麼進行，每一個設備如何操作使用，都要一步一步把程序仔細寫出來。然後生產時，每一個藥也要做批次紀錄，當天生產哪一項產品、在哪一條生產線、生產多少量？也要記錄清楚，非常繁瑣。

外商藥廠因爲國外母廠已經是GMP，當然能夠很輕易地完成臺灣政府的要求，但本土藥廠只能自己摸索。當時國內一家藥廠老前輩劉董，早年是被大陸一家葡萄糖原料製造廠派駐來臺灣的，後來留在臺灣、自己也開藥廠，算是有點經驗，就開了一個顧問公司，讓大家去上課，學習怎麼寫Master File。

成爲第一批通過GMP認證的藥廠，月營收倍增

南光當時有三百多項藥品，就要寫三百多張份Master Files，我們主動減銷了六十多種較冷門藥品的許可證，剩下約二百五十份來進行。只有我和一位負責QC的藥師，以及一位生產部門主管，三個人來分頭編寫，然後再由我彙整。

記得來查廠是一九八五年二月二十八日，包括工業局與藥政處，總共來了十二人，連續查了三天。

那三天，我眞的是神經緊繃，其他人晚上都累翻了，倒頭就睡，只有我因爲太亢奮，一直反覆想白天的事，或忖度著隔天應該如何指揮，完全無法入眠。三天結束後，陳董擔心我會累垮了，還找人幫我打點滴。

主管機關查廠回去後，據聞他們內部開了多次的會議，歷經四個多月，直

到七月四日才宣布南光通過認證。我們當月營收立刻從一千六百萬元，爆增到三千二百萬元，倍數成長。

南光算是全國第十家公司通過GMP認證的。前面有七家是外商，第一家本土藥廠是中化製藥，第二家是東大聯合[6]，第三家就是南光。

東大聯合只有一項胃乳藥品，因此如果算本土「綜合製劑廠」通過GMP認證的，南光是第二家；比起政府規定的最後期限一九八八年底，南光提早三年達成。因爲當時多數的藥廠都還不知道怎麼向政府申請認證，大家都很意外，原來臺南鄉下也有這樣臥虎藏龍的藥廠，員工士氣因此非常高昂。

跟同業分享GMP認證經驗、用統計學公式計算良率範圍

後來政府單位和公協會就陸續開課，請我去講授「注射劑的製造與品質管理」課程，也請外商藥廠講授其他主題，一同協助國內藥廠同業申請GMP認證。

[6] 已於一九九〇年併入乖乖、成爲消滅公司，乖乖轉向食品業發展。

我去上課不會「暗崁」（台語：指藏私），只要我知道的，都詳細地跟同業講述。而且南光聘有一位許藥師，很會找研究文獻，包括很多前瞻技術是當時南光還沒有使用的，許藥師也把資訊編寫進我的課程講義裡；後來隨著法規要求產業升級，這些技術幫助了很多藥界同業。

記得有一堂統計學沒有人願意講，我雖然數學好，但是統計學沒那麼精通，一個同業前輩請我去講，我膽子很大，倚仗著自己當廠長，又有生產線的實務經驗，就答應下來。

這堂統計學課是南北各講一場，當時臺北場在師範大學大禮堂舉辦。前一天我才剛從日本拜訪客戶回來，先交代許藥師幫我準備講義，我早上從臺南出發，在自強號上趕快看內容；到臺北我先把行李放在後火車站的小旅館裡，就坐計程車趕到和平東路的師大去。一跨進大禮堂時，我嚇了一跳，那是一個半圓形階梯式的場地，坐了滿滿三百多人，包括外商藥廠的總經理和廠長也來聽課，害我上臺時很緊張。

我把統計學觀念套用到藥品製程管制上，詳細解釋如何用一條公式及中位值的概念，來計算界定產率的範圍，及計算抗生素的力價。講完之後，藥廠前輩劉董接下麥克風當眾評言：「我不知道我們讀藥學系的，可以把統計學的理論說得這麼透澈！」

南部的場次，則在臺南女中對面的勞工中心，當時包括藥政處GMP的羅姓稽核員也出席聆聽，結束後她跑來對我說，她念了五年的統計學，都不太理解怎麼用，但是聽我一堂課，她就懂了。

在四處講課之前，我幾乎是足不出戶的，連我考上駕照想買車，有三次賣車的業務來到公司裡，公公都把業務趕走。所以我算是GMP造就出來的人才，若不是政府推動藥廠GMP升級，我可能還被關在廠房裡面、每天只忙著調藥。

許藥師：

王總寬宏大度、不吝分享新知給同業

我是從南光退休的藥師，任職時在研發部門工作，直接、間接主管就是王總經理，所以我跟她相處的機會很多，對她的認識與感受深刻。

王總自己也是藥師，以專業經營藥廠，就和其他藥廠不同。她非常重視員工的教育訓練和在職進修，提供優渥的機會及資源；此舉當然提升了員工素質，也增加了南光的競爭力。

尤其王總有寬宏的胸襟，認為不是自家有實力就好，必須讓業界也一同提升，創造臺灣製藥水平的新高度。所以她會毫不保留的跟同業分享很多新知。例如她多次在公協會舉辦的進修推廣課程中擔任講師，分享包括：

一、如何運用統計學的方法，做好製程管制與品質管制。

二、為確保針劑產品的無菌狀態，生產時如何監控製造環境是成敗關鍵；她會向同業介紹這方面的新知與新具，讓同業知道未來的因應方法。

三、南光是臺灣第一家產品外銷日本的藥廠。這是南光辛苦經營的成果，她將自家數年累積的經驗分享給其他同業，大器大度的精神令人敬佩。

請美國專家建構cGMP認證，花5年研發PP材質軟袋

早期的南光一直都專注在點滴輸注液，從一九七四年建立LVP點滴輸注液產線，日產能二千支，一九七八年遷廠至新化後，因為廠房空間大幅增加，使用大型不鏽鋼混合桶，也重新設計清洗玻璃瓶的動線，一次同時充填三支，點滴輸注液日產能擴大到六千支。

一九八五年南光花了二千多萬元購入德製的「博許（Bosch）」圓形轉盤式的充填機，一次可同時充填六支瓶子，建立半自動化生產線，日產能才擴大到二萬四千支；瓶裝材質也從一開始的玻璃，演變到PP材質的塑膠瓶。

因塑膠瓶有容積、回收占空間，早在一九八一年我們就想開發「軟袋」點滴輸注液。陳董經常去德國參觀機器展，看中了英國Jackpack生產的軟袋充填機，花了臺幣七百多萬元訂購，前後去三次，了解設備製造的進度。

一年半後，機器報關進口後，生產的廠商卻倒閉了，沒有人來試車。當時南光會操作的高階主管不多，只好由負責生產和工務的兩個主管接手試車，因軟袋材質的物性不易拿捏，一直無法熔封成功，南光首次的軟袋點滴生產計畫宣告失敗。這臺機器在工廠裡擱置了三年，再搬到工務室儲存間去，直到最近才拆解廢棄。

所以南光很早就想使用軟袋，只是沒有找到適合的機器和材質。但另一家國內同業，大約在一九八七年和美國一家點滴輸注液廠合作，推出PVC[7]（聚氯乙烯）材質的軟袋點滴輸注液。

PVC材質已開發出來數十年、使用成本低；但因我是技術本位，對品質及產品的使用安全性有一定的堅持，所以決定自己去找可以做PP軟袋的機器和材質。過程很不容易，總共花了近五年時間。

我們先找德國的全自動包裝機器設備廠Plümat（位於德國坎斯佩爾坎普），在他們建議下，又到美國找材料。我們找到一種Polypropylene（聚丙烯）的複合膜，是符合美國FDA認證之醫藥級PP，無塑化劑、不會傷害人體的，我去了美國三次、了解材質的物理化學性質。

7 專業研究報告指出，PVC生產過程必須添加DEHP（一種鄰苯二甲酸酯類的塑化劑），若遇到滅菌過程中的高溫、或隨著存放時間拉長，塑化劑都可能溶出，是一種環境賀爾蒙，長期使用的話，對人體肝臟有害；同時，PVC軟袋廢棄後燃燒處理時，也會產生劇毒戴奧辛，造成環境污染。

確認材質之後，我們在一九九五年斥資一億五千萬元，向德國 Plümat 下單全亞洲第一臺全自動 P P 製袋充填機；充填機本身約六千多萬元，高壓蒸氣滅菌系統近三千萬元，其他還包括傳輸系統、滅菌盤及耗材。

爲了安裝此生產線，南光新蓋一棟更大的針劑大樓。我們很拚，只花六個月就蓋好。當時南光其他藥品的生產只算半自動化，還有很多必須靠人工的部分，而且當時資本額只有三億六千萬元，買一個設備花了這麼大筆錢，很多同業聽了不敢相信，但我的想法是「工欲善其事，必先利其器」，有好的設備，才能做得出好的品質，所以不惜投資重金。

一九九六年底機器進場、開始試車，但熔封的部分一直沒辦法弄好，怎麼做都會漏液；我記得第一臺卡車進貨的材料都用在試車上，一直到一九九七年九月才開始少量出貨，出貨後又發現一些問題，再回頭又調整機器；整個過程花了很多心力、時間及材料成本。

這項產品讓南光榮獲一九九九年國家生技醫療 Non-PVC 材質「多層膜聚烯類塑膠軟袋」品質獎。可惜的是，另一家藥廠的 P V C 軟袋點滴提前搶市多年，已打下知名度，且醫療人員使用習慣建立後就不易改變；我們要再重新搶回點滴市占率就有困難了。不過儘管如此，這條生產線還是成爲我們進入日本市場的敲門磚，讓南光在日本打響名號。

光裕醫藥董事長林清富：
賣南光的藥很令人放心

我是阿杯的大學同學。她甲班，我乙班。我們的學號是用報到順序來排的，所以大家都說甲班的比較認眞，早早報到、準備讀書，乙班的就比較散漫，姍姍來遲。

其實我是北部人，家住萬華，照理說應該很早報到才是，但我一進到校園，看到校舍很簡陋，根本像高中一樣，猶豫要不要進去讀，拖到最後一天才決定報到。不過念書時才發現，北醫在北部還是有優勢，至少臺大的教授比較願意來這裡教書、不會往南部跑。

我大學畢業就做藥廠的業務代表，就是俗稱的Propa（propaganda，英文原意爲宣傳，日文用此字指銷售代表）。後來創業成立「光裕醫藥」，專門銷售中化和南光的藥，是南光三十多家經銷商之一。

我在這一行五十多年，行業裡大部分人是「生毛帶角」，像王玉杯這樣做生意講義氣、有原則的很少。而且南光的產品品質也好，我認識她太多年了，從大一到現在，算算有五十七年了，我知道她做事和做人的態度一樣，不會把不好的東西賣出來。而且她很負責任，賣南光的藥我可以很放心。

她在信佛之後，還拿了一張南無千手千眼觀音菩薩聖像，放在我辦公桌前；一方面可能是希望佛祖保佑我們業務順利，二方面是期許我們賣藥的人，要秉持如佛祖一般的慈悲心。這幾年我覺得，她的面相愈看愈像一尊觀音，應該是「相由心生」的關係。

阿杯的先生陳董負責南光的業務，所以我和陳董也很熟；陳董的修養很好，認識這幾十年來，他從來沒有跟別人起過一次衝突，或是生氣發怒過，很令我敬佩。這就是南光的企業文化和精神，賣的藥有「誠信」，與上下游廠商客戶「共榮」，和氣生財。

日本訂單經過長期醞釀、肯定南光的品質

南光最早在一九八六年開始跟日本藥廠接觸，當時日本小林製藥原本由臺灣某家同業銷售氨基酸製劑，後來決定委託臺灣另一家廠商代工，但合作不順利，有人推薦南光的品質和信譽非常不錯，因此小林製藥就主動聯繫，約定來南光看廠。

小林社長親自前來南光時，我們在一個很簡單、但非常乾淨的辦公室接待他。我當時不到四十歲，擔任廠長，就自己做簡報，跟他講解南光如何處理水質，我們是在哪些階段分別拿掉陽離子、陰離子，成爲最純淨的水（H_2O）。他聽了很訝異，轉頭對跟介紹人用日文說，他不曉得臺灣南部鄉下、也有專業背景這麼強的女性廠長。在我那個年代，沒有幾家公司有女廠長，可能連外商藥廠都沒有。

我自己是做藥起家的，很在意廠房周邊的環境，旁邊不能弄太多花草樹木等等造景，因爲這些植物容易引來小蟲，影響到工廠內的製程。平常我們每個月會除蟲一次，每年都做一次廠房週邊的防護計畫，一年就要花二、三十萬元。其實日本的藥廠也是這樣，所以小林社長也很喜歡我們廠房環境，雙方就這樣建立起關係。

小林社長也邀請我去位於厚木市的工廠參觀，是三間連棟的民房；因爲日本

土地少，不像臺灣廠房有足夠空間，藥品輸送帶都是平面的，但他們設計廠房十分精準，遇到樓層高低差時，會在牆角以垂直的輸送帶串接，充分利用空間，把生產的流程設計得很流暢、完美。

很可惜，小林社長因為沒有後續的繼承人，後來就賣掉廠房退休了；如果他有繼續發展事業的話，對南光進入日本市場一定有很大幫助。

接到日本第一筆訂單，來自光製藥株式會社

在興建了LVP針劑大樓，同時購入了德國機器後，一九九九年南光接到第一筆日本訂單，來自光製藥株式會社。當時日本只有較硬的PE（聚乙烯）軟袋，但南光已有德國的機器，主打不含塑化劑、製作一體成型，全程無菌。光製藥來看過南光廠房後，稱讚南光的生產水準可媲美美國藥廠，於是委託生產製造，前後合作了五、六年，在日本市場打出知名度，直到他們自己設廠才結束，但和南光還是維持友好的互動。

日本企業對產品要求標準很高，不只要求藥品藥液本身的品質，生產設備、廠房清潔等硬體，都要到一定的標準，甚至外部包裝要求也一絲不苟。在初期試單

階段，他們都會派遣異物檢查人員、品質控制人員等長駐廠內，監督所有的生產過程，非常嚴謹。

至於產品外包裝上，每一瓶藥品外都要標示清楚：生產批號、製造日期、有效期限這三行資訊。一開始我們還是用人工蓋印章的，若是蓋得不清楚當然會被打掉，但若是印章蓋得不正，他們也不要。外箱的檢查也非常仔細，外箱上印刷製造廠和商品名的油墨若是不均勻，或是紙箱折的八個角不是九十度，也要打掉。當時供貨給南光的國內造紙大廠，一度覺得條件太嚴苛而不願出貨給南光，迫使我們必須提高價格去買紙箱。

就這樣和日本藥廠磨合了一年多，南光終於在二〇〇〇年正式把產品銷售到日本，成爲臺灣第一家將針劑外銷日本的廠商。能夠出口到日本，代表品質獲得肯定，有助於開拓其他海外的市場。現在日本業界只要提到注射劑，就會想到南光。

南光第二家合作的日本公司是清水製藥株式會社，我們協助他們申請了超過五張的許可證，包括電解質複方製劑（有別於一般鹽水或是糖水的注射劑）應該可以大大搶占市場；但他們委託的通路武田製藥，卻不知何故撤退了。清水製藥後來被其他藥廠併購後，所以這些許可證都沒有用到，非常可惜。

放棄中國設廠，請美國專家協助推動升級

南光曾經在一九九二年計畫前往中國蓋廠，我和陳董加上幹部，前後進去中國十三次考察，包括中國改革開放後最早進入的外資藥廠西安揚森製藥和天津大塚製藥，本來想在北京設廠申請藥證可能有地利之便，但最後決定臨近商業中心，到上海松江工業區[8]設廠。

那個年代在中國設藥廠不能獨資，必須跟政府合資，南光看中一塊土地，也與該地鄉長簽定合作意向書。但是我們回臺灣之後，那位鄉長不講信用，三個月內把我們預定的地轉給一個新加坡的集團；我得知後覺得這樣非常不妥，如果未來設廠，我們沒有住在那裡「顧頭看尾」，離開一趟再回去，擔心不知道廠房會變成什麼樣子？

我跟陳董商量後，決定停止中國設廠計畫，以免發生不可控的風險。後來一九九四年發生千島湖事件[9]，兩岸關係陷入緊張，松江工業區的規劃人員更積極來聯繫我，希望我們重新評估，但我們還是決定放棄。

一九九四年，我得知國際間開始推動「藥品確效工程」，於是聘請印尼裔美國籍的微生物學專家 Dr. Simon 來替南光幹部們上課。一天顧問費要新臺幣六萬元，

每次上課要一個星期，總共上了很多次。儘管那時候政府還沒有要求藥廠升級，連cGMP的名稱都還沒確定。

既然放棄到中國設廠，我們於是著手規劃在新化興建廠房，配合下訂的德國PP材質軟袋LVP生產線，在一九九五年興建了「針劑大樓」，及另一棟「研究開發大樓」；也準備購置日本自動倉儲AS/RS系統。規劃的過程中，政府剛好公告無菌製劑的確效基準，正式推動cGMP，因此這兩棟大樓所有廠房設備都符合cGMP法規指引，順利地在一九九六年落成。

有趣的是，一九九六年政府還聘請Dr. Simon當種子師資，教導稽核員。所以我敢說，南光一直走在業界前面，只要聽到國際間有什麼新的標準或趨勢，都會主動投資跟進。

8 二〇一三年升級為國家級上海松江經濟技術開發區。

9 千島湖事件，指一九九四年三月三一日觀光船「海瑞號」在浙江省杭州市淳安縣千島湖發生的命案，淳安縣公安局定性為「特大搶劫縱火殺人案」。二十四名臺灣觀光客、八名大陸船員和導遊在船上遭到搶劫和燒死。臺灣政府及大眾認為大陸公安故意將此案淡化為「火災」而不滿抗議，形成政治事件。

二〇〇六年拆除舊廠，花四十億元重建廠房

南光有幾次廠房的搬遷及擴建（詳見表一），投資金額最高，是在二〇〇六年規劃、二〇〇九年完工的「綜合製劑大樓」。

二〇〇四年，政府開始要推動 PIC/S GMP（即符合國際規範、全球適用的GMP標準）認證，我們原本希望用一九七八年的第一代廠房改建就好。當時正好外資藥廠從臺灣撤退西進中國，留下幾位已培養多年的廠長，我於是禮聘其中一位從惠氏（Wyeth）藥廠退休的吳姓廠長出任副總，希望他幫忙改建。

他到職後看完第一代廠房，第一句話就跟我說「這廠房不能用，要全部拆掉重建」。我聽了沒有很認同，心裡想，重建要花很多錢吧！而且在一九九六年興建完兩棟廠房後，我一直認爲在我有生之年不會再投資蓋廠了，所以並沒有馬上行動。

但 PIC/S GMP 對於支援系統的規定，包括作業室正、負壓條件，空調系統管路設置等等，必須有很大改變；我評估了一陣子，發現用原來的廠房改建，變動幅度非常大，且倘若日後發生小狀況要檢修，必須整條產線都要停工，不可控的風險很高。

於是在二〇〇六年，我忍痛決定拆掉南光第一代舊廠，重蓋新廠。爲了蓋新

廠，我又聘請一位從禮來（Eli lilly）藥廠退休的劉姓廠長協助，幫我們工程處員工上課，經常挑燈夜戰，按照PIC/S GMP的法規來設計新廠。當時預計投入三十億元，是資本額五億五千萬元的六倍多。隨著PIC/S GMP法規不斷升級，又優化一些廠房設備，最後花了逾四十億元。

我的信念是，要有優良的藥品品質，一定先要有好的設備和作業環境。陳董和我的想法一致，把錢砸在前面，把生產設備架構好，才去招攬生意。否則就算有再高端的無菌製劑生產經驗和技術，國外客戶來看工廠，發現沒有能夠生產的設備，講什麼生意都是免談。

「綜合製劑大樓」於二〇〇九年落成、並於二〇一〇年全廠通過PIC/S GMP認證；除了可充分滿足日本客戶需求外，也爲前進歐美市場預做準備，果然成爲日後南光跨出大步，邁向國際市場的重要關鍵。

二〇一一年，南光與美國上市公司簽訂合約，共同研發生產銷售神經性疾病和血液系統用藥。二〇一二年，「預充填注射針筒劑型」獲日本PMDA GMP評鑑查核通過。二〇一四年，預充填注射劑生產線經美國FDA查核通過cGMP標準。二〇一五年，癌症無菌針劑產線和LVP（PP Bag for Premixed Solutions）產線美國FDA查核通過。

二〇一六年，南光輸注液（LVP）製劑取得美國藥證核准上市，為國內第一家。二〇一七年，預混式靜脈輸注液（Premixed IV Infusion）成功外銷美國。二〇一八年，「預充填針筒注射劑產線和特殊製劑產線」通過日本PMDA GMP認證。

二〇二〇年，預充填注射劑 Icatibant 之美國藥證ANDA申請，取得核准上市。二〇二一年，骨鬆藥學名藥 Ibandronate 預充注射劑取得日本PMDA藥證及美國ANDA藥證。二〇二二年，抗肺癌學名藥 Pemetrexed 的美國藥證ANDA申請，取得核准上市。二〇二三年，治療白血病學名藥 Bendamustine 的美國藥證ANDA申請，取得核准上市。南光近幾年進軍美、日市場，成果豐碩。

南光廠房搬遷及擴建歷程表

年代	位置	擴建規模	投入金額	成效
1963年	臺南市長榮路	三層樓建築		生產動物用藥及人用注射劑
1978年	臺南縣新化鎮（後改制爲臺南市新化區）中山路	第一代廠房	6500萬元（購地及建廠合計）	佔地萬坪，成爲南光日後發展的主要基地。擴大LVP生產線，使南光邁向針劑王國
1988年	臺北市敦化南路一段183號6樓	設立臺北辦公室	3200萬元	因應健保局成立，設北部辦公室，以蒐集資訊、建立對話窗口
1996年	臺南市新化區中山路	新建「針劑大樓」及「研究開發大樓」落成（含購置日本自動倉儲AS/RS系統）	8億5000萬元	完成後德國Plümat機器進廠安裝，建置PP軟袋生產線。並在三年後順利取得日本訂單。
2009年	臺南市新化區中山路	「綜合製劑大樓」落成	40億元	以高規格興建： 1. 口服固體新產線 2. 無菌充填注射針筒產線 3. 無菌充眞管瓶及凍晶注射劑產線 4. 無菌充填小針注射劑產線 並於2010年陸續獲PIC/S GMP認證
2011年	臺南市新化區中山路	增購抗癌用藥（含Isolator）全自動管瓶注射劑、凍晶製劑及自動進出料系統	3億700萬元	2013年通過TFDA PIC/S GMP查核；2015年通過美國FDA PIC/S GMP查核。

南光法規暨醫藥事業部經理徐心馨：

用高規格高標準帶著大家往前走

加入南光前，我待過東洋和智擎兩家藥廠。二〇〇八年因爲家庭因素到南部找工作，因爲地利就進來南光。以前對南光不是很了解，只知道是前十大藥廠。剛進公司時，看到製造環境和設備水準很高，覺得很出乎意料；在臺北很多公司雖然股價很高，EPS很好，但是設備比不上南光。

北部有些知名藥廠喜歡做槓桿經營，家裡可能有一塊錢，就到外面買十塊錢的東西，用併購公司的方式把戰線拉得很長，或是花大錢請國外回來的明星來經營公司。

但是王總的想法不一樣，她不太像一般企業CEO，反而像一位嚴格的母親，把公司當家一樣在管理；家裡用的東西一定要用最好的，而且很踏實，不會想一步登天。她重裡子勝過重面子，會把賺來的錢留在公司裡，做未來發展的規劃，因應潮流和趨勢，預先做好準備。

王總很注重廠內細節，她的眼睛很銳利，只要走過的地方，一覺得不對，就馬上指出，要員工改正。例如，有一次，她看到實驗室裡的垃圾桶裝著紅白塑膠袋，她問：「你們是不是在實驗室裡面吃東西？」這是完全不被允許的，我們只好趕快澄清，這塑膠袋不是裝食物的，是爲了節省成本才拿來用。

她在廠內積極推動5S[9]，五個標準，廠裡面會特別要求乾淨、整潔，在廠房各處都看得到5S的標語，連廁所裡都有，就是耳提面命，時時刻刻提醒大家。所以王總若突然通知要巡廠，我們會特別緊張，趕快動起來。因爲她來之後，可能會摸窗檯、邊框，一些大家平常會忽略的地方，員工都知道她的高要求，就會盡量去達成。

我覺得這是正確的，製藥生產本來就應該高規格、高標準，要嚴謹。來我們公司參觀的客戶第一句都會說，「哇，光是看你們的廠房就很讚！」

[9] 5S現場管理模式，源自日本的一種家庭作業方式，後被應用到企業內部管理運作，是一套由整理（せいり Seiri）、整頓（せいとん Seiton）、清掃（せいそう Seisou）、清潔（せいけつ Seiketsu）、躾（しつけ Shitsuke，或稱素養）所組成的管理措施，目的是降低不必要的浪費，來提昇工作的效率。

南光三次重大危機

南光曾經遇過三次重大危機，有的驚險過關，也有的讓我痛徹心扉。

第一次危機：GMP後續查廠遭發現缺失

一九八五年南光就拿到藥品GMP認證，是本土第二家「綜合製劑廠」取得合格證明的公司。在一九九五年時後續性查廠，藥檢局派稽查員來突襲檢查，發現生產紀錄本上記錄越區生產藥品，說南光犯了GMP嚴重缺失，要處罰。

這事發生的緣由是，GMP規定是同一個產品要在同一條產線上生產，當時一位員工因爲趕著生產，看到另外一條產線是空著的，就上機去做了；然後他的主管也很「古意」（台語指老實），還照實記錄；來檢查的稽核員看到生產紀錄本，執意要處罰我們，嚴重的話，可能被暫時取消GMP資格。

因爲當時大醫院有投標制度，南光已經得標後，若GMP資格突然被取消，不但不能供貨，還要接受違約罰款。

曾經和南光合作的日本小林製藥創辦人小林社長，聽到南光嚴重缺失恐被取消GMP資格，也非常關心，雖然那時候已經沒有生意往來，他還囑咐居間介紹我們認識、住在臺北的簡先生，連夜從北部坐車南下來公司關照。

事情發生後，我和陳董去求見（藥物食品檢驗局）局長，局長叫該位稽核員進辦公室了解，沒想到稽核員知道我們的來意後，只丟一句話給局長：「你認爲要怎麼處理，就怎麼處理。」

局長看我們夫婦一路走來沒有什麼資源，能發展到今天的規模，著實不易，就答應我的要求，暫時不發布訊息，給我們時間改善，年底再重新查核。

幸好，年底通過審核，這件事就解決了。這對我來說是一次很特別的危機處理經驗，過去南光並不常和主管機關打交道，但我仍堅持去拜託局長；因爲當時南光才剛借款七億多元要蓋針劑大樓、準備大舉擴充產能，若是突然喪失GMP資格、生意做不成，損失難以想像。

第二次危機：健保制度甫上路溢報藥價遭懲處

臺灣全民健保制度在一九九五年三月一日實施。上路初期，藥廠不熟悉如何在網路上塡報藥價資料，坦白說，當時是配合醫院要求溢報藥品價格，而將差額折讓給醫院。

記得一九九七年二月，公司正在開主管會議的時候，一個員工衝進來說：「糟糕了！南光五百CC點滴輸注液健保價格變成零！」當時我腦袋一片空白，因爲這過去從未發生過。趕緊詢問，才知道健保局進行例行性的調查，發現南光溢報藥價，沒有通知我們就實施懲處。

藥價歸零必須要等六個月才能回復，對我們簡直是晴天霹靂。所有點滴產品不能出貨，一條生產線的二、三十位員工，都閒置在工廠，他們的特休假也用完了，廠房的牆壁也粉刷了，幾乎沒事可做。

點滴收入變成零，公司營運成績當然不好看；加上那一年剛好發生亞洲金融風暴，國際熱錢撤離亞洲，有些體質不佳的公司倒閉，不少國內廠商裁員；廠長遂提議南光也乾脆進行資遣。陳董聽了廠長建議，準備擬資遣名單，但是我堅持反對，當場甩門離去。

從二月底開始，我每天都失眠，躺在床上完全睡不著，白天就像行屍走肉；就這樣一直到七月，我為了LVP軟袋材質去美國稽核供應商，順便去看在那裡讀書的老大和老二兩個兒子；下了飛機那一晚，可能因為環境改變，我精神大解放，當天晚上才能睡著。

因為我沒有參與會議，不知道陳董和廠長資遣了哪些人？後來才知道，有很多是跟著我很久、忠心耿耿的老員工。其中一個跑來跟我說：「總經理，我孩子還在念高中，我缺了這份收入怕付不出學費了。」我聽了真的心很痛，這是南光從一九六二年成立以來，唯一一次資遣員工。成為我經營事業過程中落人口實的瑕疵。

資遣的事拖到該年底十二月底執行，除了給員工資遣費，還給他們年終獎金作為補償，公司當時帳上現金不多，還是拿出一千二百多萬元來發資遣費和年終。結果隔年一月，訂單回流，生產線開始缺工，代表資遣的決議是不正確的。有時事業經營上遇到難處，可以隨著時間慢慢化解的，過於積極的作為可能適得其反。

第三次危機：PIC/S GMP上路前十三種藥品遭銷毀，重傷商譽

南光第三次的危機發生在二〇一三年底；那一年是PIC/S GMP的最後截止期

限，開始要求所有藥廠通過PIC/S GMP的規範。

因爲我們歷經GMP、cGMP，又到PIC/S GMP幾個階段，中間經過很多的演變，每一次都有小改變（Minor Change），但經過幾次的小改變之後，到了PIC/S GMP這個階段，就變成大改變（Major Change），很多以前查驗登記的老處方、老藥，都要重做生體相等性（BE, Bioequivalence）試驗。

那時候製藥公會召集藥廠到衛生署，與食藥署官員開會，大家提出，其實不是什麼了不起的改變，約略就是賦形劑、或賦形劑比例的改變而已，但重做BE是大工程、要花大錢，應該不要如此大費周章。

開了幾次會後，製藥公會於是與食品藥物管理署溝通，雙方達成共識：若是上市多年的藥，已有臨床使用經驗，如果沒有重大不良反應或療效不等事件發生，臨床經驗可以取代生體相等性（BE）試驗。衛生署遂在三月二十八日發下公文，要求藥廠在當年的六月三十日之前，完成資料更新登記即可。

官方給的期限是到六月三十日，但南光的藥品項很多，時間很趕，就申請延後到八月十五日；我們有十三項藥品，是衛生署已經在七月中旬就發給准予變更登記備查的函文的。

就這麼不巧，當時因爲毒澱粉、毒醬油到大統假油等食安風暴連環燒，政府爲表達對食安的重視，在七月二十三日，將行政院衛生署升格成「衛生部」，原來的食品藥物管理局，升格爲「食品藥物管理署」，一開始署長由許姓常務次長兼任。一直到該年的十一月五日，才派任新的署長。

新署長等於是在烽火中上任，當時有一家特別喜歡打擊本土藥廠的外資藥廠，去找一位陳姓立法委員爆料，誣指臺廠有些藥物還沒通過BE試驗，就在市面上銷售。食藥署長因爲才上任，還不知道前因後果，又擔心外界用放大鏡檢視，裁示要從嚴徹查。

那幾天我剛好去日本觀摩藥廠。回臺前一天我在坐車時，接到某教授來電，因爲訊號不好，我回覆他，現在在日本明天回臺，某教授則答說回來再講好了。

隔天中午，一下飛機，看到兒子打來十幾通未接來電，電話接通後，他很著急的說：媽媽出事了，全部都見報了。我想說糟糕，是不是昨天教授原本想要跟我說的事情，已經先見報？

二〇一三年十二月三日，媒體報導「衛生福利部公布三十三項藥品變更可能影響藥效，雖無安全疑慮，但須重做BE實驗、並要求先行下架」。雖然不只我們一間藥廠遭到牽連，但是南光因有十三張許可證、占比最高，被報導的篇幅最大，標題最顯眼。

我馬上打電話給教授，問說你昨天是不是要跟我說這件事？他說對，我說可是今天都見報了！他回答：見報就沒辦法救了！

在媒體報導曝光當天，調查局同時出動，到各縣市搜查南光所有的客戶，把倉庫裡十三項產品全部搬出來，要求他們退貨。調查員也到公司，把所有庫存的成品和半成品都拖出來清點，報廢銷毀，被銷毀的貨價值一億多元。這十三種藥是我們最暢銷、營業額占比最高的產品，下架和銷毀等於是讓南光那年的業績直接宣布「死當」。

但是直到十二月九日，我們才接到食藥署的公文，要求重做BE。在那段期間，很多客戶打電話來要再買那幾種藥，因爲南光的藥很好用。可是沒辦法，政府說不能賣，只能打掉重練。

當時南光在金錢上的損失已經不小，更甚者是商譽掃地。業務代表紛紛回來說，其他業者故意中傷南光，放話說：「南光的藥不能用什麼……」。連我去家裡附近洗頭，其他客人還會問老闆娘說，那位是南光的老闆娘嗎？他們家的藥到底可不可以吃？好像我們犯了什麼滔天大罪一樣。

我覺得很丟臉，怎麼讓公司發生這麼大的事？連續三個月我都不敢出門，包括政府與公協會協調藥政的會議，或是演講邀約，都完全推辭、缺席，連坐車去臺北辦公室都不敢。

南光員工也是很老實，發生這麼大的事，居然沒有把先前已經獲得食藥署許可的備查證明拿出來給我，隔了三、四個月，他們才說有這個文件，但爲時已晚，傷害都已經造成了。看著這些備查證明，我眞的是欲哭無淚；心裡想：這些東西應該封在箱底、當做陳家的傳家寶留念，讓子孫記得南光曾經有過這麼重大的教訓。

當時唯一讓我覺得欣慰的是，住在臺北負責診所業務的處長，打電話安慰我說：「總經理，你不要難過也不要悲傷，這個危機也許是一件好事，因爲把所有業代的心都凝聚起來，團結一致，一起想辦法面對和克服，你不要擔心營業額往下降，我們會想辦法。」

果然，他們開始認眞行銷公司其他產品，讓總公司可以慢慢更改這十三項產品的處方，重做BE，把產品救回來。我很感謝他，算是證明我過去在公司的領導沒有失敗，平常對員工的關懷和照顧也沒有白費，在公司發生這麼大的危機時、業務們情義相挺，很令我感動。

南光的成長與躍變

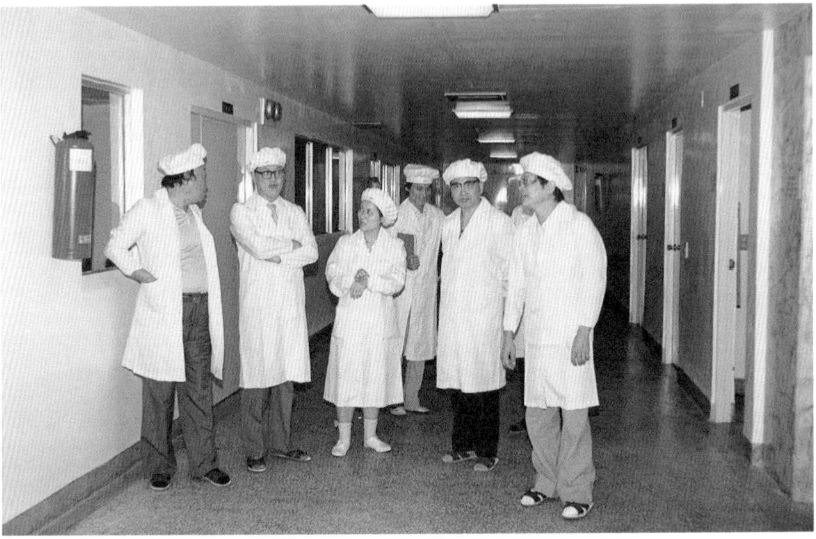

擔任廠長期間，接待外賓參訪。

1987 年參加第八屆韓中製藥工業協力會議。

1980 至 1990 年（推動 GMP 時期），常往返美國參訪並取經。

1985 年全國第二家本土綜合製劑廠通過 GMP 認證後，省衛生處處長李舜基先生帶領 74 位省立醫院藥劑部主任和藥師參訪南光。

1992 年赴美考察。

1992 年赴美國南加大參訪。

1994 年赴日考察。

1994 年赴日考察。

1992 年參訪杭州民生製藥（左五是鄭廠長）。

1993 年參訪中國期間遊黃山。

南光曾計畫赴中國設廠，參訪西安揚森製藥等公司，進中國考察 13 次。

1994 年特延聘美國專家顧問 Dr. Simon 率先指導長期進行「無菌製劑確效」計劃。

1995 年自德國引進全自動軟袋製造充填機。

1996 年針劑大樓完工啟用，精進無菌製劑工藝。

2000 年日本清水製藥株式會社來訪，簽署長期發展關係（圖中為鈴木社長）。

1997 年陳立賢、王玉杯伉儷於日本瀨戶內海大橋合影。

2003 年四十周年慶。

2005 年獲選爲無菌製劑示範藥廠並舉辦FDA查廠人員培訓。

2008 年英國顧問與藥檢局官員蒞臨模擬 PIC/S GMP 查核，培育藥檢局稽核員爲種子教官。

2009 年通過台灣智慧財產管理制度（TIPS）認證。

2016 年 9 月率領製藥協會會員參訪韓國，並和韓國 KPMA 簽署兩會合作交流備忘錄。

2022 年元月南光股票由上櫃轉上市。

2013 年參訪日本三大學名藥廠之一 Sawai Pharma。

時隔 10 年，2023 年四月再訪。

參訪當天清晨 5 點由東京出發到新大阪，當晚 20:30 於新大阪車站等新幹線回東京，一日往返，顯見王總充滿拼勁與活力。

打破傳統，用女力帶領製藥業

臺灣在一九四八年成立製藥工業同業公會（TPMA，簡稱製藥公會），是製藥業者都必須加入；一九九〇年成立製藥發展協會（TPMDA），二〇〇七年成立學名藥協會（TGPA）。政府有什麼醫藥政策變革，都會先找這三大公協會的理事長來商量討論，因此公協會理事長及重要幹部，跟政府互動較爲密切，可以掌握政府資源和人脈。

獲選爲第一位三大製藥公協會女性理事長

長期以來，這三大公協會理事長都是幾個北部藥廠老闆輪流出任。但我在二〇一四年獲選爲製藥發展協會理事長，一屆任期三年，我做了兩屆共六年，到二〇二〇年任期結束；我不但是第一位女性理事長，也是少數南部藥廠當上理事長，算是走出自己的路。

有人說我是因爲發生「六三〇事件」，生氣到出來競選理事長。其實不是，我原本就是很樂於分享的人，記得我三十多歲和同業組團去日本參訪藥廠，回國後他們都私下叫我「媽祖婆」，說我很會照顧別人、很無私。

南光的強項是注射劑。還記得一九八〇年，我三十三歲時，嘉南藥專（現爲嘉南藥理大學）邀我去講課，課程內容是「注射劑的製造以及品質管理」；雖然自家藥廠的工作很忙，但我還是樂於把知識傳播出去，前後總共上了四年半。後來南光成爲第一批通過GMP認證的廠商後，只要製藥公會邀請，我也去幫忙上課。

我現在也是財團法人醫藥工業技術發展中心（簡稱藥技中心）的董事，藥技中心是一九九二年政府請優良製藥公司董事長劉秋生籌劃，經濟部工業局出資三分之一，業者出資三分之二，設置六千萬元的基金，以製劑技術輔導臺灣一百四十七家PICS/GMP廠開發新產品，像新劑型、小分子與植物新藥，及高分子支架醫材，與細胞培養液等。

當時劉董第一個來找我，我即允諾出資三百萬元；後來也有藥廠出三百萬的，也有一百萬、五十萬的。對於扶植產業發展有助益的事，我都會盡量做。

蔡英文競選總統時與製藥界有約，以理事長身分提出建言

蔡英文總統在二〇一五年第一次競選時，認眞傾聽各工商業界的聲音，當時三大製藥公協會獲邀參加，理事長各可以發表六分鐘的建言，與她面對面溝通。

我當時是製藥發展協會理事長，一站上臺，先讚嘆她非常有遠見，因爲生技產業是二十一世紀鑽石產業，國家發展的重點產業，而她選了有公衛背景的陳建仁作爲副手，「英仁配」一定會成功當選。之後我很直率地提出四個建言：

一、盼資源能夠統合運用、合理分配。

二、政策等資訊要南北同步。

三、希望國產國用，建立學名藥取代原廠藥的制度。

四、重審學名藥投標制度的合理性。

最後我也期盼蔡英文總統當選後，能定期與製藥業約會，多跟我們聊聊。蔡總統當選後，因國事繁忙，就委由科技部跟我們有過幾次的交流。可惜當時的建言一直沒有朝落實的路上前進，沒有發揮效果。

像國產學名藥國用取代原廠藥這個議題，是對國內生技製藥業升級發展、保護臺灣經濟的重要措施；放眼國際，很多國家的藥政管理單位不輕易發給國外廠

商藥品許可證，也是這個原因。

尤其在二〇二二年下半年起，整體大環境開始缺藥，二〇二三年生技產業策略諮議委員會議（BTC）上，有兩位代表重提了專利連結制度[10]（Patents Linkage）是否修正的議題。這能否影響未來行政決策，促使政府考慮另定方向？業界都十分期待。

10 二〇一六年一月三十一日經總統令公告藥事法修訂新增第四章之一西藥之專利連結，其施行日期經行政院核定於二〇一九年八月二十日正式施行。西藥專利連結制度讓新藥上市後透過專利資訊揭露，使學名藥申請上市審查程序時，暫停核發許可證（續審）期間十二個月來釐清專利爭議，據衛福部指出，對於進行專利挑戰或迴避成功的首家學名藥獲得十二個月市場銷售專屬期，以獎勵挑戰的學名藥業者。但三大藥廠公協會皆反對此修法，認爲是對國內學名藥廠的一大打擊。

帶領製藥發展協會會員走出去，舉辦六次國外參訪團

擔任製藥發展協會理事長的第一年，政府爲了健保政策一個小組議題，邀請三大公協會出席，我帶著理事吳維修同行，他是臺大藥學系畢業、英國萊斯特大學的MBA，學養兼備。他在發言解釋某個政策前因後果時，其他公協會的人竟然出言不遜，阻止他繼續講下去，等於是不尊重我們製藥發展協會的發言。

我當場很生氣，但因爲才剛上任，比較沒有那個氣勢，現在回想，當時應該拍桌離席，以示抗議。至此之後，我就不是很積極參與國內健保藥政政策議題（除了專利連結以外）。

因此，我決定走不同的路線，帶領協會會員走到海外市場。我安排出國參訪行程共六次，走訪五個國家，這些行程不只有參觀訪問，還會進一步協助會員進行「商業對接」，協助同業找尋海外經營機會。

海外參訪初試啼聲是到北京，國內有近三十家藥廠報名參加。我們規劃了「第一屆海峽兩岸醫藥產業領袖峰會暨項目對接會」，請會員先把自家藥廠正在研發的案子帶去，協助進行宣傳，同時邀請北京當地有興趣的藥廠出席。

大會舉辦在北京的西苑飯店，上午先邀請中國藥品審評專家暨清華大學藥學

製藥發展協會理事長任內六次海外參訪與商業對接活動

時間	目的地	活動內容	成果
2015 年 11 月	中國北京	1. 於北京西苑飯店舉辦「第一屆海峽兩岸醫藥產業領袖峰會暨項目對接會」 2. 前往北京拜訪 CFDA 官員 3. 參訪連雲港正大天晴製藥	促進兩岸新藥項目發展與商業合約締結
2016 年 9 月	南韓首爾	拜訪韓國的韓國製藥發展協會（KPMA，該組織後更名爲 KPBMA）	和韓國製藥發展協會簽署交流合作備忘錄（MOU），爲臺韓雙方生技產業交流立下里程碑
2017 年 5 月	馬來西亞	1. 拜訪馬來西亞投資發展局（MIDA）及其首長 2. 拜訪馬來西亞衛福部及 FDA 首長 3. 參訪當地醫院、藥商、生技公司	MIDA 提供政府生技園區投資優惠政策，促進台灣生技公司前往設廠，帶動台灣數家藥廠擴展馬國生意
2017 年 9 月中	中國南京	訪問南京生技醫藥谷園區，進行學術交流和投資考察	促進兩岸生技公司新藥項目之商務發展
2017 年 9 月底	泰國、緬甸	1. 拜會泰國 TFDA、泰國製藥協會（TPMA） 2. 拜訪緬甸衛福部，和緬甸製藥協會（MPMEEA）	與緬甸製藥協會簽署合作交流備忘錄（MOU）
2018 年 11 月	中國北京	1. 參加北京的製藥業國際論壇，並在兩岸藥品註冊法規論壇致詞。 2. 拜訪北京四環製藥等數家知名的藥企 3. 參訪中草藥基地和當地新創基地，觀摩中國大陸最新技術發展	促進兩岸新藥項目發展與商業合約締結

資料來源：製藥發展協會海外事業部唐湘荃經理

院教授楊悅博士演講，就「藥品審評審批制度」改革、二〇一五年版藥典增修和創新藥物臨床審評等題目，進行解析。接著是臺灣十二家藥廠上臺報告，包括公司介紹、產品項目介紹等，臺下有幾十家中國藥廠，上百人聆聽。中午就在西苑飯店的大自助餐廳用餐，場面盛大。午餐後，在會場排了十二張桌子，掛上一到十二號的牌子，分別代表上午上台的臺灣藥廠，有興趣的中國廠代表就在號碼後面排隊，依序與臺灣廠對話。

第二次是二〇一六年九月去韓國，和韓國製藥發展協會簽署交流合作備忘錄（MOU），爲臺韓雙方生技產業交流立下里程碑。

第三次去馬來西亞、第四次去中國南京，第五次去泰國緬甸，第六次又去了一次北京，總共帶了六團到五個不同國家。

每一次出國參訪，我都不吝嗇地介紹很多原本是南光的客戶和通路給國內其他藥廠。例如在馬來西亞，參訪南光客戶許醫師位於巴生（Klang）的診所，許醫師專長皮膚科、醫美、美白，他招待團員體驗免費雷射除斑、去皺紋。晚上還準備高規晚宴，除了有當地原住民歌舞表演，還有八張大長桌，擺滿了紅毛丹、榴槤、山竹、肉骨茶、娘惹糕等當地特色食物，此行共二十多位團員，一下子把主人準備的佳餚一掃而光，大家都開心得不得了。

馬來西亞找官員同行，見識臺灣地緣政治困境

出了國，才知道臺灣還是有地緣政治上的困境。

記得出團馬來西亞前，預定安排拜會該國的衛生部總監（相當於臺灣副署長位階的政府官員）；當時我希望國內也有政府官員可以同行，跟他們對口，直接溝通兩國的藥品法規現況，於是發函邀請衛福部派員同行。直到出國前兩天，衛福部藥品組組長戴雪詠才獲准以公務身分一同前往。

第一天晚宴我在臺上致詞時，看到三子本龍在臺下急切地講電話，不曉得在溝通什麼事；原來馬國衛生部突然來電，委婉表達不能接待我們。我們推敲是因為當時中國與東南亞各國在談「一帶一路」，時機敏感，而此團又有臺灣政府官員隨行。在積極爭取後，隔天我們還是前往衛生部，只是出面接待的官員層級比預定小了一階。

因為陸續前往多幾個東南亞國家參訪及商業對接，因此二〇一八年臺灣生技展（BioTaiwan 2018），我邀請泰國、菲律賓、馬來西亞、印尼等國的公協會代表來臺，促成「東南亞新興市場商機」論壇。

二〇一九年三月我準備帶團去越南，二月時，同業一位陳董事長還打電話說，

聽聞我們辦的活動很有意義，希望能夠隨行觀摩。但新冠肺炎疫情開始蠢動，有部分會員擔心國際交流會有風險，因此二月先退團；出發的前一天，越南宣布封鎖，入境必須住防疫旅館，這個活動只能喊卡。

我心裡原本規劃，出訪越南後，還要去一次我最熟悉的日本，當作理事長職務的完美句點，可惜疫情肆虐、最終未能如願。

前製藥發展協秘書長唐湘荃：

王理事長對國內製藥業升級努力不遺餘力

王理事長的高瞻遠矚，不僅展現在推動國際交流、讓臺灣走出去；對於臺灣製藥業的升級發展，也付出許多心力。比如說，爲了拓展會員國際視野，王理事長要求我每天查閱美國和歐洲的生技新聞，將最新公布的藥事政策、市場資訊，甚或是美國 FDA 發出的警告信內容，整理臚列出來，每週寄送給會員代表，同時，也整理美國專利到期的學名藥（俗稱橘皮書、Orange

Book）清冊供廠商參考。

王理事長還有一項創舉，即推動「藥物經濟學評估（PEM）」，成爲製藥同業和醫療院所藥品部門人員溝通的平臺，協助會員的創新產品得以快速進入市場，讓優質產品可以呈現其品質與價值。

此外，王理事長任內還舉辦「CEO共識營」會議，邀請國內各大藥廠的董事長、總經理與會，邀請專家演講及小型座談會。其中特別是對藥事法中智財法律，涉及專利法的修法議題，她費心邀請知名律師、專利師、國內生技公司的智財經理人，擔任協會中智財及法律委員會的主委，領導各公司委員一同研讀國內外法案，努力找出生存之道與解決方案。

我常想，理事長年歲已經如此大了，別人在含飴弄孫，她卻奔波於臺北和臺南辦公室之間，我們年輕人又有什麼理由躺在家裡吹冷氣呢？理事長從不計較自己付出了多少，在意的往往都是其他人有沒有收穫。對於他人永不吝於給予！她所種下的種種善因善緣所結出的善果，我想就是南光化學製藥公司的成功發展！

中央健保署醫審及藥材組組長戴雪詠：

王理事長出訪就像母雞帶小雞

我對王理事長真的是極度敬佩。光是揣想她進製藥產業是在五十多年前，那個時代女性的位階是非常低的、通常被賦予的角色只有照顧家庭、生兒育女；有一前輩同事回憶到，她早年來臺北洽公，還必須帶著幼子一起，否則小孩在家沒人照顧，可以想見她兼顧工作與家庭的辛苦，就是臺灣傳統母親的代表。

尤其製藥產業裡男性掛帥的性別差異又特別明顯；她沒有留過洋、以一個乾乾巴巴、本土出身的女性科學家，能夠在這個圈子冒出頭，我想，非有過人的意志力和膽識，是不可能達成的。

而她帶團出訪時，團裡很多是藥廠同業的第二代一起去，即使是競爭對手，她也是無私地分享南光的資源；就像一隻母雞在前面衝鋒陷陣，一群小雞在後頭跟著，去國際間找尋生存機會一般。那個意象，就像一尊菩薩，只願眾生成佛、最後才想到自己。

當然，王理事長在她的專業領域表現也是沒話說，她投資設備一向不手軟，高度要求南光生產的藥品品質一致，也爲業界及主管機關所稱道。

王玉杯參與公協會期間舉辦大型活動

2005 年於能登半島加賀屋合照留影。（製藥公會曾義青理事長帶團）

2008 年中華民國製藥發展協會舉辦 c GMP藥廠參訪活動，至南光參訪。

2015 年於北京西苑飯店舉辦「第一次海峽兩岸醫藥產業領袖峰會暨項目對接會」。

2015 年擔任製藥發展協會理事長時與總統候選人蔡英文會晤提供建言。

2017 年 9 月帶領製藥發展協會至泰國商務考察。

2017 年 5 月大馬醫美權威許醫師（左一）安排當地歌舞表演與八大桌豐盛美食的高規格晚宴，右一爲衛福部組長戴雪詠。

南光人解決南光事，培養第三代接班梯隊

我成為「南光的長媳婦」已經超過五十年了；很欣慰的是四個兒子目前都在南光服務，貢獻所長。

過去南光不是沒有對外禮聘人才、找總經理。大概二十多年前，也找過高學歷、國外藥廠回來的CEO，他們普遍要求高薪，但幾年後見不到什麼成效。可能我們在南部，優秀的人才不太願意離開北部的行政和商業中心，後來我也就放棄再對外徵才。因此，我總是鼓勵公司同仁，「唯有南光人，能解決南光的事，你們（員工）要加油，空降進來的人很難了解南光。」

像我一畢業就進來，是土生土長的南光人，沒有橫跨各個領域，也沒待過世界級公司，我都開玩笑自己是「涉『世』未深」，這個「世」是世界的世。南光就是「『土』法煉鋼」，這個「土」是我們真的很本土。我也歡迎員工介紹家人親戚來公司上班，「家人同心、其力斷金」。南光很多退休後回聘的員工，在公司

服務四十年以上的超過二十位。

下一代各有所長、各司其職

培養四個兒子回來南光幫忙，也是我的心願。原本對四個兒子的規劃，最好一個是藥學領域、一個具財務專業，一個有工程背景、一個懂市場行銷。

早年，陳董一直認爲大兒子要接事業，硬逼長子本松念藥學或化學，但他大學時自己選了機械工程系，所以那四年，只要本松從北部回家，陳董絕不會給他好臉色看。後來本松赴美留學，先念二年化學、再拿到藥學碩士；現在公司掛行政副總，負責行銷、業務、財會、採購、人資等部門；另外如節能減碳、社會責任、數位化ＡＩ系統，也都是由本松主導。

次子本忠在臺南一中時成績很突出，大學聯考分數可以上臺大醫學系的，但塡志願時，因政府正好規劃健保制度，大家都說當醫生前途不若以往，而且他怕動手術看到血，就選擇臺大藥學系。畢業後，到美國先念生物科技碩士，再到密西根大學拿到藥學博士。目前擔任公司的技術副總，負責研發、工程、製造、品管等部門。

三子本龍在澳洲取得商學院財務、經濟雙學士，回國後負責國際業務，目前擔任事業發展處處長。四子本霖在澳洲念市場行銷，回臺後目前是事業發展部經理，負責預防醫學和保健品這塊新事業體。

本忠拿到藥學博士後，在美國加州益邦實驗公司（Impax Laboratories）研發部擔任研究員，有相當的研發實力。他本來想在美國多留幾年，但我希望他回來家裡幫忙；和我有幾面之緣的李祿超博士對本忠說：「你家裡自己有藥廠，爲什麼要在美國，把研究發展的成果讓給別人用？」說服本忠回來南光。

臺灣本土藥廠的研發能力普遍不強，所以本忠的研發能力很令我們做父母的驕傲，但有時他的想法不一定和我們吻合；本忠偏好挑戰高難度、關鍵的高階技術，屬利基型的市場，所以產品從研發開始到問市，需要的時間較長。我若建議他找大一點的市場，他認爲同業都瞄準的方向，以後恐成爲紅海，他不想去；所以南光的營業額不會快速大幅成長，但是市場會認可南光的產品很好，具領先優勢。

現在我和陳董也有年歲了，接下來就要靠兒子們這一代。雖然他們曾經留學美國或是澳洲，但是個性都很單純。我看別人從國外留學回來的，能言善道、長篇大論，登高一呼、很能鼓動人心，但我的四個兒子都比較老實，口才沒有人家好，都是苦幹實幹型的。

南光法規暨醫藥事業部經理徐心馨：

雖是家族企業，仍堅持原則

南光雖然是家族公司，但王總很有原則。有一年春酒，臺上主持的員工起鬨，叫董事長親總經理之類的，她斷然拒絕，讓主持人很尷尬。在公司員工面前她就是總經理，不可以輕浮，要維持總經理的形象。

王總做事總是兢兢業業，事情不分大小，她的態度都一樣認真。北醫臺南校友會就是一例，在成立社團法人之前，臺南校友會其實就像學長姐、學弟妹聚會，大家來的不是很積極，有一搭沒一搭，常常是某個醫界大老出錢，大家吃吃喝喝就走了，這樣進行了四十多年。

後來北醫董事長張文昌請王總接下會長，王總在二〇一二年一月決定以社團法人立案，先招募永久會員，一個人出一萬元，馬上就有二十幾萬會費出來，她就先把這筆錢拿去定存，只留下一萬元給平常會務運作。

我當時擔任校友會秘書，看到那一萬元我不免擔心，會務還在草創階段，就要這麼刻苦嗎？幸好我們開會成本也不高，聚會場地不是在南光會議室，就是用王總當住持的慈航居士會，省下場地費。校友會聚會，王總要求一定要安排專業人士來講課，舉凡討論醫療糾紛、個人稅務，或是介紹新的細胞療法等，讓會員能學習新知。

但以每位會員年費五百元來算，就算每次開會要花四千元，我要找到八個新會員，所以王總就是給我一點壓力和「業務目標」，去努力找人。現在我們校友會已經有七十多個人了。

王總做任何事都是一貫的，連校友會這種小規模的事，她都認眞的去組織、更遑論南光這麼大的公司，更不可能有不恰當的行爲。

在跟客戶談條件或是簽定契約時，王總更是鉅細靡遺。她事前都會把契約看得很仔細，常常半夜一點還在簡訊交代事情；到了做決策階段，就不拖泥帶水，當機立斷。

例如，有個案子是經濟部日本合作推動小組轉介來的，一家日本公司想在臺灣申請登記一項藥品，歷經多年都沒法達成，就和南光合作推動。我們合約內容持續談了一年，到最後，雙方對於拿到臺灣許可證之後、南光可代理幾年的意見不同，南光希望有十年代理權，但是對方只想給五年。簽約前，對方公司高層來臺灣，跟我們面對面，還是堅不讓步，王總強勢那一面就出來了，她直截了當地說，這個案子已經消耗雙方的資源太久了，如果一個禮拜內無法定案，就不要浪費彼此的時間，直接終止合作關係好了。對方聽了一驚，很快妥協，案子就此底定。

這個藥品是「人體胎盤素」針劑，在日本是用來治療慢性肝炎，因爲藥的原料來自於人體，要通過臺灣法規是很挑戰的。雖然日本在一九七〇年就開發出這項產品，但臺灣人多是走私進來違規使用的，南光希望把它導成正規。目前臨床實驗已經啟動，還沒有結果，因爲這條路不好走。但王總就是這樣，很勇於走在市場前面。一路以來，南光很多的藥品都是「開創者」。

王總雖然在廠內管理嚴格，但私下仍會像媽媽一樣照顧員工。我們出差到外地時，一到吃飯時間，她一定會催促我們趁空檔去買便當。王總就是「南光的好媽媽」，幫公司奠下很好的基石。我相信有一天，南光的光芒會被外界看到的！

因緣俱足，慈航居士會為退休歸隱處

我大半生在製藥產業奮鬥，志在救人免於病痛之苦。一九九一年，在特殊因緣下接觸佛門，並成爲在家修行的居士，目前是「慈航居士會三寶殿」[11]（以下簡稱居士會）的住持兼主任委員，掌管資產及寺務。居士會吳創辦人曾向他人讚嘆我：「前半生從事醫藥行業，救人色身的病痛，後半生皈依佛門修心養性，解除衆生心靈上的苦，不愧此生矣！」

吳先生在一九八〇年創辦居士會，原稱慈航居士會。他早年在民權路經營布行，當時臺灣紡織業很興盛，賣布的都是有錢人，我姐姐也是嫁給布商；後來到七〇年代，臺灣紡織業開始走下坡，布商生意陸續收起來。

吳先生應該這段期間結束布商生意，專注修行。隨他共修者，有些是紡織業沒落後行業裡的人，也有附近鄰居及家裡幫佣者。其中有位布商在法華寺出家，由她在居士會帶領大家誦經。

由於當時佛教八大宗林都沒有在臺南設立分會，而且在家修持者，仍可以兼顧世俗的工作，所以居士會創立後，信衆很多。居士會離我家很近，以前我上下班經過，看到很多人在那裡聚集，甚至排隊排到馬路人行道上，還不知所以；後因我的大姑媽也在居士會修行，來跟我募款，我才知道原來他們在誦經念佛。

11 慈航居士會三寶殿於一九八〇年三月由吳季霖居士、蘇銀瓶居士發起設立弘法道場；以發揚佛教弘法利生，淨化人心，溫暖人間爲宗旨；原殿址暫設吳季霖居士經營之「専新布行」店鋪，後於一九八四年十二月購置臺南市勝利路十六號之建地設爲永久殿址，於一九九一年以「慈航居士會三寶殿」全名向政府主管單位備案並申請建照，並舉行動土典禮。並於一九九六年九月落成。
三寶殿係由創始人吳季霖居士，發起人蘇銀瓶居士共同規劃各殿、堂、室之配置及千手千眼觀世音菩薩聖像，大三寶佛尊及各大佛尊、萬佛尊之安奉。一九九二年由創始人吳季霖居士增聘王玉杯居士爲大護法。
而鎮殿之寶——「千手千眼觀世音菩薩」像，係以生長在高雄市六龜區深山內臺灣牛樟木雕刻而成，樹齡高達一六〇〇年，樹身長度二丈多，樹圍直徑一丈多，菩薩像委聘臺南雕刻大師陳正雄居士雕刻聖像主體一氣呵成沒任何銜接，也確實雕有各執法器或法眼等共一千隻手臂，高有二層樓高，寶相莊嚴，是全省甚至全世界難得一見的木雕佛聖像。（資料來源：慈航居士會三寶殿）

吳先生很會規劃活動，曾借臺南市立體育場辦「浴佛法會」，放生活動或去育幼院、養老院等，每次要出動八輛遊覽車。幾次活動後，累積了款項，在一九八四年買了布行對面、也就是目前居士會位置的土地，想要興建寺廟。

佛教緣分牽成三寶殿，竟成歸隱處

一九九一年年我公公逝世，當時光是送行的花車就有四十幾輛，場面非常浩大；除了生意上往來的客戶、供應商，還有很多親朋友好友到場外，再加上公公是南臺科技大學創校董事之一，學校派請行政人員幫忙一路指揮交通。公公的告別式上，我們雖懇辭奠儀，還是收到少許奠儀，於是我把收到的錢湊成十萬元整數，捐給居士會。

吳先生收到錢後，便透過我姑媽傳話，請我去廟裡跟三寶佛上香。因爲居士會就在家附近，我沒有多想，立刻過去和他見了一面。吳先生遂邀請我加入居士會一起修行，當時我對佛教禮節還不熟，不懂什麼「三跪拜[12]」，也不知道怎麼插三炷香，更不懂那些經文的內容；但我很喜歡誦經時的唱讚的聲音，有時間就偶爾去。

吳先生觀察了我一陣子，因爲他本身會論斷命理，就又跟姑媽要了我的八字去看，他說我八字裡面帶官又帶印，代表具有判斷力及執行力，有這樣命格的人不多。

到了年底，吳先生結算我的出勤率，說我有幾十次沒有到，要罰多少錢；我聽了之後未多言，爽快付錢，就當捐錢做善事就好。隔一年因爲孩子陸續出國讀書，晚上比較自由，加上有出勤率壓力，我就鞭策自己多去寺廟裡，經常晚上七點多陳董載我下班，先在路邊便利商店隨便買個食物塡肚子，即趕去誦經；就這樣默默牽起了我和佛教的緣分。

年輕時候，因爲壓力大，患有嚴重的偏頭痛，工作繁忙，經常忘記喝水，經常乾咳不止，自從參加居士會的禮佛及誦經後改善很多。偶爾我心情煩躁、頭暈胸悶，不想參加晚課，陳董還是會載我到居士會的門口放我下車，果然我一進去行三跪拜禮後，馬上感覺血液流到頭部；誦經時也幫助我調息呼吸及調整心律節拍，整個人頓時清舒，回到家又有精神，可以繼續熬夜工作。

12 指禮佛應行的跪拜禮，先雙手合十放在眉頂，然後雙膝跪下頂禮。

一九九一年吳先生開始申請建照，準備興建三寶殿；臺南某一知名紡織廠的媳婦，自告奮勇說要負責工程，但過程不順。因緣成熟，由我接手找南光的協力廠商承接後續的開挖興建工程，終於在一九九六年落成。

寺廟興建落成後，吳先生夫婦爲第一、二順位住持，同時在章程中明定我是第三順位住持，因擔心之後紛端，也在章程寫明：管理寺務的住持、與管理資產的主任委員不可由同一人兼任。他們夫妻各擔任二任、各八年住持後，我在二〇一二年接任住持，吳夫人爲主任委員，但後來她因行動不便無法出席，我只好以住持兼任主任委員迄今。

臺南市文化局曾來考核過，十分讚嘆三寶殿建築的宏偉，因爲一到四樓是挑高中空的，大廳正中央的千手千眼觀音主體有二層樓高，是從六龜深山內尋得一千六百多年的臺灣牛樟木雕刻而成，而在三樓高處安放的銅雕三寶佛像，每一尊重一．五公噸，三尊就四．五公噸，要如何能安全承重，在建築工法上十分困難，我們都一一克服。惜因三寶殿興建的年代不夠久遠，佛像都是新雕、非古董級，目前尚未被評定爲文化古蹟。

我現在也是臺南市佛教會的理事。理監事的選任，是由八十多位會員代表遴選，選出十五位理事及五位監事。一般佛教界的理監事絕大多數由出家衆擔任，在家衆出任是少之又少。

因爲定時舉辦禮佛法會或是誦經，我每個月至少過去居士會十至十二天。這個寺廟就是我塵世責任盡了之後的歸隱處。人身難得今已得，佛法難聞今已聞！我今生願足矣！

南光業務經理王森淇：

王總做藥的理念就是救世

我也是佛教徒，和王總一樣是在家修行的居士。王總因爲接下居士會的工作，她一個月可能有十幾個晚上到佛堂誦經。她同時也用修行的態度在做藥業，目的就不是爲了賺大錢，而是開發對大衆有益的事情。他們夫妻常掛在嘴上的一句話：「我們做藥就是在濟世。」

像南光領先業界，做急重症藥物的預混注射劑，全部都是在無塵無菌的環境下進行，對公司來說成本很高；前期開發時，把藥混在一起、我們花了兩年時間確認安定性、穩定性，所以研究開發階段就要先花錢，而且混合後的藥品容量大、運輸成本也高。但醫院還是希望用原來的價格採購，所以等於我們做預混還賺得比較少，但王總還是堅持要這樣做。

王總的各類捐款已經無法計數，她常說她有社會責任。像她進建誼生技經營，也是秉持這個理念，讓公司從虧損到獲利，除了救了股東，還有幾十個員工的家庭。

王總接手很多單位或是組織都是這樣，去之前都沒有錢，她總會想辦法生出錢來。讓組織能繼續良好的運作，像她二〇一四年接任製藥發展協會理事長時，協會帳上只有九百多萬元存款、是成立二十四年來的結餘，但她二〇二〇年卸任交接時，協會已有二千二百多萬元了；主要都是辦各項研討會、活動累積下來的。

王總對員工也很照顧，私下幫助過很多員工；像有個同仁結婚沒有房子，她借錢給他買房子，離職時同仁沒有錢可以還她，是離職五年之後才開始還錢，王總也都沒關係。她就是這種低調行善、聞聲救苦的人。

慈航居士會

慈航居士會三寶殿南無千手千眼觀世音菩薩於現址雕刻過程中留影。

慈航居士會創辦人吳先生贈蓮花匾額給王玉杯（九品蓮花為伴侶）。

王玉杯參加居士會誦經活動。

王玉杯熱心參與居士會活動獲得表揚。

一九九五年王玉杯參加淨土寺傳授五戒，正式成爲在家修行者。

台南市佛教慈航居士會三寶殿外觀。

王玉杯身後的銅雕三寶佛像，每一尊重 1.5 公噸，三尊就 4.5 公噸，在建築工法上有特地設計考量安全承重。

三寶殿大廳一樓正中央的千手千眼觀音主體有二層樓高，是由六龜深山內尋得一千六百多年的臺灣牛樟木雕刻而成。

慈航居士會開山創始者用千手千眼觀音菩薩的原木（牛樟）彫刻龍頭枴杖給王玉杯，權力的象徵，也將做爲陳家傳家寶。

Part 3

永續南光

01

轉投資攻守兼備，多元布局強化產業續航力

行事低調的王玉杯，很少談論南光的轉投資，但是在臺灣新藥發展史上，她領軍的南光及其家族，插旗台灣微脂體、建誼生技卻很值得一提；她不僅曾是這兩家公司單一最大股東，在公司面臨危機的關鍵時刻雪中送炭，更是意義重大！

微脂體（Liposome）是一九六一年英國血液學家 Alec D Bangham 以磷脂質染色進行電子顯微鏡測試時所發現，並於一九七〇年由 Sessa 和 Weissmann 正式命名為微脂體（Liposome）。

微脂體是由磷脂質構的空心微球，因中空具有包藏物質的能力，因此可做為載體；在藥物應用上可開發為新型抗癌標靶藥物，主要是它可包覆毒性高的物質降低不良副作用，隨著血液流到腫瘤部位，再讓藥物釋放出來攻擊癌細胞，既保護正常細胞不受抗癌藥的毒害，也讓藥量保持一定濃度打擊腫瘤，不至於在血液中被稀釋。

在臺灣藥物開發史上，也有幾件微脂體代表作，例如臺灣東洋藥品就是以微脂體的藥物生產見長，旗下治療癌症藥物「小紅莓」已行銷多年，治療全身侵入性黴菌的微脂體兩性黴素學名藥 Lipo-AB 也已在歐、美市場行銷；另外，智擎生技胰臟癌新藥安能得藥物也是應用微脂體的包覆技術。

由於微脂體是具靶向給藥功能的奈米載體物質，具有控制釋放速率、延長半衰期等優點，近年新冠疫情風暴，mRNA 疫苗興起後，微脂體、微球體能否與 mRNA 藥物結合，近年也備受關注。

第一大股東無息貸款，幫助台微體度難關

成立於一九九七年的台灣微脂體（以下簡稱台微體），是由以微脂體技術開發見長的旅美專家洪基隆創立。當時國內生技新藥仍屬於一片沙漠，滿腔熱血的洪基隆從美國回來，在臺大演講，不少產業界大老參與盛會。洪基隆當時準備引進一個新技術到臺灣，吸引時任東洋董事長林榮錦的目光，而後就有人就幫忙介紹牽線，進行合作。

正巧那時王玉杯很想了解藥物傳輸的新領域，一直在找投資案源。台微體的經

營團隊知道後，就輾轉找上門。當時事業發展處一位年輕的甘小姐登門拜訪，她說明來意之後，王玉杯很阿莎力地直接問：「你想要我投資多少？」

當年微脂體藥物傳輸技術對國內製藥來說還相對陌生，王玉杯擔心不熟悉的領域會對南光的財務造成負擔，難對股東交代，因此由家族投資，透過兩次增資，分別以每股三十多元和八十元的價格認股，合計投資金額約八千多萬元。

王玉杯說，當年的投資只是抱著想幫臺灣引進新技術、增加知識含量的心態，至於股權大小，從未仔細研究過。台微體擬辦理第二次增資時，該公司總經理拜訪王玉杯，表示國發基金準備投資，但因國發基金不能是第一大股東，所以希望王能依持股比例認股增資，她才知道自己原來是第一大股東。

不過，新藥是很燒錢的，台微體一度出現募資速度趕不上臨床研發的燒錢速度的情況，因爲一次臨床費用付不出來，台微體想向外借款三千萬元，利率一．五％，王玉杯覺得公司經營都這麼困難了，就不要再讓別人賺利息了，於是慷慨先借錢給公司；半年後，台微體還錢要照銀行利率支付利息，被王玉杯婉拒，她認爲大家共體時艱、互相幫忙是應該的。

投資台微體期間，王玉杯相信經營團隊，很少過問新藥研發概況。二〇一三年一次董事會，談到要引進當時有「生技巴菲特」之稱的「伯樂創投」入股。公司採取發行特別股方式讓伯樂認股，他們先投入一半的資金，另一半資金的認股價格，則視第二年年底，台微體治療前列腺藥物到日本註冊成功與否而有區別，若註冊沒有成功，伯樂可以用一股十元認購。

當時擔任董事的王玉杯發言表示，這樣對原始股東並不公平，原始股東是扶持公司起來的，對公司貢獻在先，而對新進股東的優惠條件，很難說服原始股東；有一位董事可能自覺有引進外資的使命，認爲這樣方能營造氣勢，爲產業帶來契機，於是反問王玉杯：「王總，現在臨床費用接濟不上，你願意拿錢出來嗎？」王玉杯聽了覺得很難過，臺灣的生技產業，有時爲了繼續經營，要面臨此類不平等的條約。

幸而台微體度過關卡，也順利上櫃。當時生技產業正處二〇一四年新藥本夢比的狂潮中，台微體一度成爲股市林姓聞人的最愛，股價曾創下四百四十元的歷史天價，於是王玉杯開始調節台微體持股，先賣掉一半的股票。

惟新藥開發長路漫漫，二〇一四年之後，台微體年年大虧逾一個股本；二〇一八年公司想改赴美國掛牌，以每股一百元向股東收購，王玉杯自認爲不是很懂美國股票市場，因此把最後的持股賣回給公司。

然而台微體即使遠赴美國那斯達克發行美國存託憑證，前進國際募資[1]，仍難脫燒錢虧損的情況，直到二〇二一年七月五日該公司宣布私有化，併入 PAG 集團。

受前董事長託付，接手建誼生技

王玉杯投資生技公司，除了是瞄準的新興技術趨勢外，有很大的部分是爲了鼓勵青壯世代創業，希望能盡自己棉薄之力，孕育更多生技新血輪，讓產業發展能有完整的接班梯次。

在擔任臺灣製藥發展協會理事長時，王玉杯就以南光和家族的資金，分別投資景凱、原創、博信、建誼和台睿五家生技公司，每家各約二千萬元。對於投資的新創公司，她採取充分信任態度，只是單純的「投資人」，幾乎不會過問各公司的研發進度和營運概況，唯獨建誼生技（以下簡稱建誼）是她臨危受命接下董事長職務，且助推公司起死回生，再次證明她的經營實力！

建誼是在二〇一五年八月由黃全德創立，黃原本任職於統一集團台灣神隆的研發部門，專長爲原料藥開發，因爲經常去國外參展，結識一些海外人脈，加上有技術傍身，就大膽出來創業。

二〇一六年建誼首輪每股二十元的募資時，因建誼和南光都位在臺南，王玉杯和黃全德原本就熟識，再加上擔任理事長的身分，王玉杯遂以家族資金投資二千萬元，而後又參與建誼每股三十元的增資案。

王玉杯有感於青壯世代創業不容易，尤其生技更是發展歷程漫長又必須闖過重重關卡的產業，所以對於轉投資公司的增資案，只要沒有聽到太離譜的傳聞，通常會繼續加碼，因此在不知不覺中成爲建誼最大的股東。

建誼每年尾牙都會請王玉杯參加，把她當作貴賓，尾牙快要結束前，黃全德會說：「請我們大家長來說幾句話！」她覺得莫名其妙被請上台去，講一些鼓舞士氣的話，就這樣持續了二、三年。

1 台微體於美國時間二〇一八年十一月二十一日在那斯達克發行ADR（美國存託憑證），以「TLC」代號掛牌交易，公開發行價格爲每單位五．八美元（約臺幣八十九．三二元），是國內生技股第一例。二〇二一年十月八日也因在臺灣終止上櫃及停止公發，ADR也依據適用規定辦理下市及取消註冊。

二〇一七年底，黃全德拜訪南光，王玉杯看到黃的臉上紅紅的像過敏一樣，開口關心問他身體還好嗎？黃無奈告知得了癌症，且坦誠當初要她投資時就已經知曉病情，只是沒有特別提起。二〇一八年十月黃全德去歐洲參展，回臺後不久，就住進高雄義大醫院。黃或許知道自己身體每況愈下，於是在公司內部成立經營決策小組，指派四個幹部一起商議決策。

二〇一九年初舉辦尾牙時，黃全德從義大醫院出院，在尾牙上露臉。王玉杯問候他：「最近好嗎？」他回答：「我很好啊！沒事啊！」沒想到事隔一週，在春節農曆初二，王玉杯家族出遊時，卻接到消息，黃全德已經病重、住進成大醫院加護病房。

其實在黃全德頻繁進出醫院時，建誼其他股東和經理人爲了讓公司順利運作，即拜託王玉杯出面接手，同時陳立賢董事長已經答應此事。她原本都推辭，但知道黃全德病況後，只好在二月十五日先進公司看管，並在四天後（二月十九日）暫代董事長職務，到此時她才知道自己是持股超過四成的第一大股東，嚇了一大跳。

二月二十三日，黃全德從加護病房轉到安寧病房。王玉杯二十四日聽到消息，因有事分不開身，就叫三子本龍先去醫院看他。本龍中午到達病房後，王玉杯要他開手機擴音，放在黃全德耳朵旁，對著黃說：「全德，你要好好的靜養，我會暫時代理你的職位，你安心把病養好，所有問題我會幫你解決！」

王玉杯說，自己本來就很容易說出安慰打氣的話，尤其是當上理事長後，就更「習慣」把「幫忙解決問題」的話掛在嘴上。沒想到，當天下午二點，黃全德就安心往生了。

重整困難重重，費時四年起死回生

王玉杯次子陳本忠是藥學博士，相當了解產業脈絡和相關技術發展，評斷案子亦精準；他原本擔任建誼的董事，得知道媽媽要去接管後，一度憂心地問：「這間公司的性質跟南光完全不一樣，你真的要管嗎？」王玉杯說：「都已經答應，不然要怎麼辦？」

王玉杯的確沒有想到一句在電話上的承諾，讓自己開啟一段重整公司的歷程。她一接手建誼，銀行人員很快來到公司，辦理印鑑變更、債務保證人變更，過去建誼借款保證人是黃全德夫人，一下子全部都轉至王玉杯，她甫上任就先承接四千七百六十萬元的負債擔保。

此外，她發現建誼的製程有許多還沒解決的問題，買的一些設備也派不上用場，光是未拆箱的設備就價值一千六百多萬元；而研發人員也因爲沒有訂單，只能做一些優化過去舊案的研究。

由於建誼創始之初是以原料藥開發爲主，與王玉杯的製劑專長不同，而研發團隊大都是碩、博士學歷，她自認管理不易，說重話怕團隊跑掉，但若放任，又毫無生機，不能大刀闊斧地改革，讓王玉杯心急又沮喪。

王玉杯回憶當時極爲無奈，不管是在公司或下班回家都不太說話，不是只有累而已，而是感覺沒轍、想不出辦法，所以無法表達自己的心情；到了六月、可能因爲壓力，身體開始出狀況，痛風發作，於是向董事會請辭。

在二〇一九年六月的股東常會中改選董監事時，王玉杯把選票投給其他人、自己不選董事，自然失去遴選董事長的資格，離開會議室。其他當選的董事都楞住了，紛紛跑到王玉杯辦公室裡要求她續任董事長，她再次推辭，雙方就僵在那裡。

當時有一位國家衛生研究院的專家也獲選爲董事，看到董事會這種局面，沒幾天就辭任了；從六月到八月都沒有人願意接手董事長，其他董事甚至揚言也要跟著辭任，王玉杯只好再回頭扛下經營的責任。

爲了讓公司營運上軌道，王玉杯只能快刀斬亂麻，先從釐清財務狀況、盤點存貨開始；她檢視沒有繼續做的研發專案中，若購入的起始物是之後不能共用的，就全部報廢。因爲打呆帳，第一年營業額五千多萬元，營業損失一千四百多萬元，但帳上虧損八千多萬元，主要是庫存的報銷及跌價損失就占了六千多萬元。

第二年先減資三分之一，營業損失也是一千多萬元，加上存貨備抵呆帳還有二千多萬元，所以結算虧損三千多萬元。第三年是二〇二二年，因爲呆帳打完了，加上營業利益四百多萬元，就損益就兩平了，等於是用兩年半扭轉建誼營運，由虧轉盈。

回想經營建誼時，第一年王玉杯到處去拜託公司下單，當時臺灣還沒有陷入新冠肺炎疫情風暴，但第二年起因疫情爆發，無法當面拜訪客戶，她就用視訊聯繫。二〇二一年新冠疫情嚴重，各國幾乎都管制出入，但疫情肆虐時，mRNA（信使核糖核酸）疫苗爆紅，造就了莫德納疫苗奇蹟式勝出，王玉杯認爲這是新利基，希望建誼研發團隊能夠朝核酸藥物發展。

因爲建誼研發團隊本來就會做胺基酸的合成（胜肽 Peptide），只是沒有合成儀的設備可輔助，速度比較慢，一天用只能手接三個胺基酸；那時候王玉杯去拜託同業下單給建誼，但對方認爲工期太長，後來交給美國的公司做，讓她十分扼腕。

於是王玉杯決定購買儀器，當時一個做一百公克以內的核酸合成儀要一千多萬元，雖然公司還在整頓期、資金不充裕，但王玉杯支持團隊買設備，原本儀器的採購需時六個月，但二〇二一年的六月建誼下訂後，十一月設備就進來了，團隊也開始做 Validation（驗證），很快地，建誼在核酸藥物的開發就做出口碑。

二〇二二年初王玉杯卸任，轉支持持股約八%的第二大股東派任董事長；她卸任時，建誼帳上現金已有二百零五萬美元，與新臺幣一千多萬元了。

但新董事長接任幾個月後，可能因爲疫情關係或其他因素訂單很少，董事會開始著急，該董事長也萌生去意；眼看又沒人要接手，有股東還提出乾脆「清算」的建議。王玉杯心想，好不容易救活的公司絕對不能放棄，於是南光就下了一千多萬元的訂單給建誼，另一方面也積極尋找投資經營夥伴。

其實早在二〇一九年接管建誼前，王玉杯就曾詢問晟德集團董事長林榮錦是否有意接管，她認爲以林榮錦曾多次成功整頓其他公司的經驗，應該有機會讓建誼起死回生，但林榮錦第一次回絕了。

二〇二二年初王玉杯又想起林榮錦，再度邀請他來建誼看看；隔了幾個月，林榮錦親赴臺南實地考察。據他表示，對建誼強大的企業向心力，以及在小分子合成領域的卓越能力，留下深刻印象，惟因當時建誼的核心發展方向似乎不明確，因此沒有馬上決定挹資。

不過，建誼除了有核酸藥物開發能力和純化技術之外，其小分子合成技術，可製作抗體偶聯藥物ADC（Antibody-Drug Conjugate的簡稱，也稱抗體藥物複合體），此技術可運用抗體的尋標特性，將有療效的藥物送往特定區域的特定細胞，對付臨床上難以治療的癌症，是抗癌藥物技術的新突破。

林榮錦認爲ADC技術深具發展價值，於是在二〇二二年九月，決定由晟德集團旗下永昕生醫和建誼簽訂合作備忘錄（MOU），同年年底，晟德和永昕透過建誼增資案入股，總計投資約六億元、取得過半股權，林榮錦出任建誼董事長。而王玉杯家族與南光並未出脫持股，仍繼續支持建誼。

02 積極跨足新領域，延伸經營觸角

台灣產業創生平台創辦人暨董事長黃日燦律師認爲，企業的成長必須要靠兩隻腳走路，一是事業、二是投資。爲了快速和國際市場接軌，加速成爲跨國藥廠，南光除加深本業布局，開發新趨勢的產品線外，也透過投資，拓展營運視野和版圖，利用本業和投資雙引擎策略，前進國際打世界盃！

南光二〇二二年每股稅後盈餘達三・四九元，法人預估二〇二三年可挑戰四元。二〇二三年已規劃成立投資部門，由每年的盈餘提撥一定比例，加上家族資金，尋找投資標的，藉由投資案跨足不同領域，掌握產業趨勢，並延伸永續經營的另一隻腳。

除了台微體和建誼外，南光近年的投資案也愈發積極，在王玉杯當製藥協會理事長時，就分別以每家約二千萬元投資景凱、原創生、博信、建誼和台睿，二〇二二年再投資先驅生技，二〇二三年投資泰合。其中景凱（六五四九）和台睿

（六五八〇）已在興櫃掛牌，原創生、泰合、博信都已規劃二〇二三、二〇二四登錄興櫃或戰略新板，南光的投資收成指日可待。

多元布局，累積產業續航力

南光投資的生技公司中，新藥開發進度最快的是泰合，旗下抗血栓口溶膜505(b)(2)新劑型新藥三期臨床試驗，已獲美國FDA同意以生物相等性（BE）方式，與原廠錠劑比較血液中濃度，由於此試驗僅需招募數十名健康受試者，僅約需兩個月即可完成，預計二〇二四年底即有機會申請藥證，可望於二〇二六年上市。

泰合的抗血栓新藥爲全球首創口溶膜劑型，上市後可享有獨賣期三年，將搶攻全球一年超過二〇〇億美元的商機。

另外亦被看好的博信，專攻超音波顯影劑新藥、超音波藥物傳輸技術和增強式胰臟癌化學治療。主力產品TBS-002超音波顯影劑，適應症爲左心室造影，已在臺灣、美國通過臨床三期試驗核准，除了心臟超音波的應用，預期二〇二四年也將投入腹腔或其他區域超音波檢查的臨床二期試驗。

而超音波藥物傳輸領域，博信主要研發項目是TBS-402，該產品結合TBS-002與可攜式超音波來進行增強式的胰臟癌治療，用於改善傳統化學治療的成效，以克服這類困難治癒的疾病。博信的法人股東，除了南光外，還有Primum Health Investment、中華開發生醫創投、益鼎生技創投、國發基金和仁寶電腦等。

捲土重來，規劃二〇二四年重新登錄興櫃的原創生醫，核心技術爲載體平臺，是以高分子PEG-polypeptide與間隔基（Spacer）爲基礎，透過「螯合」（Chelation）的方式讓藥物形成奈米複合微胞。其藥物生成方式，是將「亞鐵離子」做爲PEG與藥物的餌食，讓藥物在競逐該餌食的過程中自然接合，變成一「新劑型新藥」，讓藥物可延長體內半衰期、釋放時間，進而利於體內特定組織之蓄積與吸收，來達到成分改良前所達不到的功效。

原創生醫已有十二項新劑型新藥完成前期開發，其中兩項——減肥／糖尿病藥（Semaglutide）、後線抗生素（Colistin）近期在大陸有重大的進展。Semaglutide針劑（商品名Wegovy/Ozempic）因特斯拉執行長馬斯克聲稱其用於減肥的療效而火紅。

原創旗下的多肽後線抗生素Colistin（克痢黴素）長效劑型潛在授權對象爲東洋（臺灣市場）、華潤醫藥（中國與東南亞市場）。對多種抗生素有抗藥性的超級細菌是近五年來國際間日益嚴重的威脅，而 Colistin 是少數能對抗超級細菌的抗生素，故原創的 Colistin（克痢黴素）新劑型新藥，被大陸抗生素龍頭之一的「華潤九新」（華潤醫藥子公司）相中，雙方已於二〇二三年第一季簽定 MOU，待動物與安全性的樣本放大與急毒試驗完成後，預計第四季將正式簽約（估簽約金五十萬美元），估計中國市場的技術服務合約總額一千萬美元。由於華潤九新在越南也有銷售通路，未來若納入 Colistin 越南市場，估計與原創技術服務合約總額將上看一千四百萬至一千五百萬美元。

至於先驅生技，則是由知名 CAR-T 領域科學家吳瓊媛博士在二〇一八年七月創立，她找了永昕生物前總經理溫國蘭加入團隊。

先驅生技的優勢在於「Quantum Engine」可以提供非病毒、高裝載與大片段的新一代 CAR-T 藥物開發的技術，這些技術，正可以解決目前 CAR-T 必須以自體細胞、繁複的流程、製造時間長、不易量產，價格高昂等問題；先驅新一代的 CAR-T 平台，則可解決諸多問題，包括擴增產能、縮短製作時間、降低副作用、增加細胞存活率，且有機會跨入固體腫瘤領域，達到以異體 CAR-T 細胞進行「現貨型治療」（Off-the-Shelf）的夢想。

03 活用六大優勢，邁向百年南光

走過一甲子的南光，是國內第一家以注射劑通過美國FDA及日本PMDA認證的生技製藥廠；二〇一一年塑化劑風暴，使得生技食品產業大洗牌，南光的PP複合膜軟袋不含塑化劑，製袋一體成型、全程無菌，因此一炮而紅！

南光生產的注射劑（點滴），不僅是臺灣各大醫院急重症、需要營養補充與癌症化療病患一定使用的產品，也插旗日本、美國和中國等海外市場；若不論近年因併購案帶進CDMO大單的保瑞，及被外資艾威群入股併購的美時，南光營收逾三成來自於外銷的比重，明顯領先其他本土藥廠。

現有六大優勢及未來發展方向

二〇二二年南光合併營收十九・四億元，年增率八・九％，且毛利率已站上三十五%，稅後純益三．五億元，年增高達七十九．五九%，每股純益三．四九元。二〇二三年上半年稅後純益一．八七億元，營運進入新局。南光目前擁有六大傲人優勢：

優勢一：廠房均已獲美日等國認證

二〇〇六年，爲了全面提升生產效率，南光耗資當時股本的逾六倍、斥資超過四十億元，興建符合 PIC/S GMP 要求的廠房，全廠於二〇一〇年獲ＴＦＤＡ認證通過 PIC/S GMP，不僅是本土藥廠的表率，也是進軍歐、美市場的重磅主力。

主導研發的副總經理陳本忠表示，到國外市場銷售必須要有兩張門票，一是查廠通過，二是取得該地的藥證。新藥研發公司要找代工廠委託生產，一定會找已經拿到第一張門票的產線，否則查廠沒通過，研發的費用等於白白浪費，產品還是無法上市。而南光目前每一條產線都已經被日本和美國查廠通過，因此具承接新藥代工訂單的基礎實力。

優勢二：完整的注射劑產品線

南光擁有完整的輸注液產品線，包括：

一、大型輸注液（LVP, Large Volume Parenteral），南光點滴輸注液軟袋爲PP複合膜材質，不含塑化劑。過去臺灣一直都是用聚氯乙烯，卽PVC（Polyvinylchloride），因爲價格比較便宜，但PVC的材質易吸附藥品主成分而影響藥品成分比例，且PVC材質本身內含的塑化劑也會在藥品儲存過程中，慢慢滲入藥品溶液中，影響使用者的健康，另廢棄的PVC也會造成環境汚染。

而南光使用的PP材質軟袋不像PVC軟袋會吸附藥品成分，適合使用在預混（Premixed）上。南光已使用PP軟袋發展出多項預混的藥品，在市場具競爭力，目前大型醫院使用的幾乎都是南光的產品。同時也賣到美國、日本、中國等市場，二〇二二年底也取得俄羅斯的查廠通過、並取得外銷許可，只是因爲俄烏戰爭，使市場拓展暫時中斷，未來仍有機會實際進入該市場銷售。

二、小型注射劑（SVP, Small Volume Parenteral），產品線完整，包含無菌充塡，終端滅菌與凍乾製程；已銷售至美國、日本、東南亞。

三、抗癌用藥產線（Anti-Neoplastics）在十多年前，南光就是臺灣第一家採用隔離設備（Isolator）生產製造抗癌用藥的廠商，目前也成功外銷美國、日本、中亞和東南亞。

優勢三：預混合式輸注液及預充填式注射劑

南光產品的研發一路以來都走在業界前面，比如預混合式的點滴輸注液和預充填式的針筒注射劑，對市場貢獻大。研發副總陳本忠說，這兩項產品可與原廠專利藥做區隔，取代原廠藥，等於設下競爭的門檻，延長產品的壽命，避免陷入競爭毛利的紅海。

在預混合式輸注液問市前，醫療人員在現場抽出針劑、混合後再施打，藥品會有被污染的風險，而且在時間急迫之下、醫療人員可能弄錯比例，或因急著使用而弄破玻璃瓶、誤傷到手。

南光開發的「即用型注射劑」（Ready-to-Use），就是預充填式藥物，可以即開即用，醫護人員可配合注射筒或輸液幫浦使用，省去抽藥時間，還能減低病患感染風險。十多年前臺大醫院要求南光共同開發「預充式導管沖洗器」（Flush Syringe），二〇〇九年十月在國內拿到藥品許可證，臺大當然也成爲第一個客戶；之後南光又依此觀念，陸續開發出各式各樣產品，配合預混合式輸注液，與原廠區隔，應用在急重症領域，可以把握時間及速度也能確保安全。

優勢四：長期布局國際市場、近年已收成效

南光積極拓展海外市場，二〇二二年海外市場實績占總營收已逾三十%，二〇二三年希望可以突破四十%，二〇二五年目標則是達到五成占比。在各國際市場發展情況如下：

一、中國市場：有鑑於中國二〇二三年醫藥市場規模將達一千六百一十八億美元，占據全球市場三十%，爲僅次美國的世界第二大藥品市場，南光很早就前進布局。南光最先打入中國市場的產品是降腦壓藥甘油果糖，另一是抗炎減敏藥物「命得生」（Methylprednisolone），藥品在二〇〇〇年即已取證，歷經十年時間醞釀，近年來才看到成績慢慢堆積。其中命得生在二〇二二年八月取得一致性評價，也得到國家集採[2]的標案，訂單需求驚人。

此外，已在美國銷售數年的抗生素 Linezolid 亦預計在二〇二四年取得藥證。Linezolid 屬於 Qxazolidinone 類的中後線抗生素，較能對抗細菌抗藥性，也是國際ＩＣＵ與隔離病房細菌感染後的常用抗生素。南光的 Linezolid 是預混合式輸注液，可降低病人感染其他細菌的風險。

研究機構法人指出，雖抗生素並非用來抗病毒，惟新冠疫情造成中國大陸ＩＣＵ爆滿，預期將間接提升中後線抗生素需求，南光 Linezolid 抗生素大陸取證後的潛力可期。法人估算南光二〇二三年來自中國的營收可望躍升至逾五億五千萬元，較二〇二二年成長近兩倍，占公司整體營收可達二成。銷往中國產品毛利率雖明顯低於整體平均，但費用率也甚低，使營益率仍高於整體平均。

二、日本市場：抗骨鬆的「Ibandronate」（吉利康）預充填針筒注射液於二〇二二年八月取得藥證，二〇二二年出貨約七十萬針，預估二〇二三年可出貨逾一百萬針。骨質疏鬆為高齡人口常見疾病，五十歲以上盛行率為三分之一至四分之一，市場法人看好Ibandronate於日本老齡化社會結構的需求與發展，推估二〇二三年日本市場對南光營收貢獻至少成長十五%。

三、美國市場：美國二〇二二年五月上市主力產品——抗癌針劑（Pemetrexed學名藥），出貨達一．五億元，二〇二三年因競爭激烈使得銷售量下降，不過二〇二三年二月有一批抗生素，以及一項治療罕見疾病的藥物已開始出貨美國市場。

2 國家集採，即「國家組織藥品集中採購」，是中國國家醫療保障局等部門組織各省組成採購聯盟，進行藥品集中採購，就是國家「團購」的意思，目的是讓民眾以比較低廉的價格，使用品質已獲國家認可的藥品。

優勢五：成功跨足抗衰老及預防醫學市場

近年來全球流行的靜脈營養點滴療法（IVN），是一種把維生素、礦物質和氨基酸直接注入體內，強化自身免疫系統、當作預防保健使用的自然療法。南光已成立團隊，研究開發抗衰老及預防醫學產品，目前主要在國內私立醫院及診所銷售，爲自費項目；未來希望在東南亞國家複製臺灣預防醫學的成功經驗，推進營養注射劑的銷量。

而南光的高活性、高劑量維他命C（Vit C療法）產品，也就是俗稱的「美白針」，已於二〇二三年取得國內藥證，可供自費使用，規劃於二〇二三年底上市。

優勢六：節能減碳，布局AI趨勢

由於注射劑製造相當耗能，非上班時間不能關閉空調，才能維持壓差、避免無菌的環境被破壞，若是遇到長時間連假而必須關閉空調的話，就要重新消毒滅菌才能使用；此外，注射劑的製造過程也需要使用大量的水，因此南光很早即致力於節能減碳。在長期努力下，二〇二〇年榮獲頒經濟部「節能標竿獎金獎」，二〇二一年經濟部水利署表揚爲「節水績優單位產業組優等獎」，皆是南光推動ESG的重要里程碑。

展望未來，爲接軌未來生技AI的熱潮，南光已完成BPM企業流程管理電子簽核及數位AI電子化系統，打造無紙化永續經營的綠色企業。此外，南光也引進BI（商業智慧）系統、進行大數據分析，並建構CRM（客戶關係管理）系統，藉以提升經營效率，並快速適應市場供需變化。而正在規劃中的AI智慧排程系統，可整合訂單、庫存、製程等產線動態資訊，完成後大幅提升訂單交貨率和產線稼動率。

南光未來發展方向

面對國際市場學名藥價格的競爭，南光研發副總陳本忠指出，研發團隊將聚焦發展利基學名藥（改良劑型）、胜肽類學名藥，和長效針劑品項（含505b2[3]項目）的開發。

因目前市場上口服的長效用藥，能創造的藥效短，大多需每天服用，南光研發中的「注射微粒製程技術」（Microsphere Technology）具有可降低副作用、長效與處方安定等特色。打一針可以依產品需求，設計幾天至幾個月的效果。具有以下優點：

一、病人因爲久久才需要打一次針，可大幅提高順從性。

二、減少病患因血中藥物濃度不穩定引起的治療風險。

三、給藥次數大幅減少，可節約醫療資源。

這項研發的成功，將對醫病雙方都會有相當的幫助。不過因爲需要臨床實驗、也要在廠房內從開發製程做起，需要的研發時間較長。

目前其中一項實驗計畫名稱爲「ND-340」，用於手術後止痛療效試驗。已在臺大醫院進行第一期臨床研究，如果第一期數據符合預期；後續第二期研究將在國內多家醫院進行，目前力拼二〇二七年於國內送件申請藥證。此長效針劑將採中美雙報批策略，因爲若在美國FDA取得核准，則可加速中國NMPA（國家藥品監督管理局）對於品項的審評，和免除當地臨床要求的機會。

此外，面對未來全球人口老化，帶來醫療照護需求增加，在美歐等先進國家，已逐步訂立醫療體系改革獎勵計畫，這類照護式管理，將和病人建立更緊密關係，且隨著科技與再生醫療的發展，醫療照護體系的功能，將延伸成可預測病人罹患特定疾病的機率，並且從「症狀治療轉變爲尋求預防」，而非僅是暫時緩解病情。南光因此看到四個未來機會：

---

[3] 505(b)(2)：美FDA申請藥物許可證審查，一般有三種途徑：新成分新藥505(b)(1)、505(b)(2)新藥和學名藥505(j)。505(b)(2)新藥包含如：新活性成分修飾（如新鹽類/酯類等）、新劑型、新複方、新劑量、新給藥方式、新適應症，其主要活性成分爲FDA之前已核准之藥物。從註冊申請的角度來看，505(b)(2)相較505(b)(1)要相對簡化。505(b)(1)的研究者需要開展大量的臨床前和臨床研究來證明藥物的安全性有效性，成本和風險都比較高。505(b)(2)的部分安全性有效性證據來自於FDA已批准藥物或者已發表的文獻，這樣就省去重複的實驗，已成爲諸多製藥公司的開發策略之一。

（一）面對全球老化人口比率不斷成長，南光所發展的營養保健注射液，可協助不同個體的需求，提出不同的配方療程，以改善其生活品質。

（二）開發出高技術門檻的長效注射劑，包括新藥或學名藥；因爲國際上能開發長效注射劑的藥廠競爭者並不多，主要牽涉到處方製程的設計，以及臨床的投資金額，都形成高進入門檻。

（三）尋求醫療器械產品合作，把針劑產品轉換成可以居家使用的藥品，可擴大市場範圍，滿足逐漸增加的老年人口需求，同時降低醫療成本。

（四）基因治療和細胞療法等新科技持續推出，未來將取代部分學名藥，對南光是機會也是挑戰。南光將多所接觸，尋求投資這些新技術的機會、及早布局。盼成爲南光未來延伸發展的契機！

2016 年建誼生技尾牙，創辦人黃全德（第一排圖中著黑西裝者）邀請陳立賢與王玉杯參加。

2019 年 2 月 15 日接掌建誼後，馬海怡博士自美返台訪問建誼。

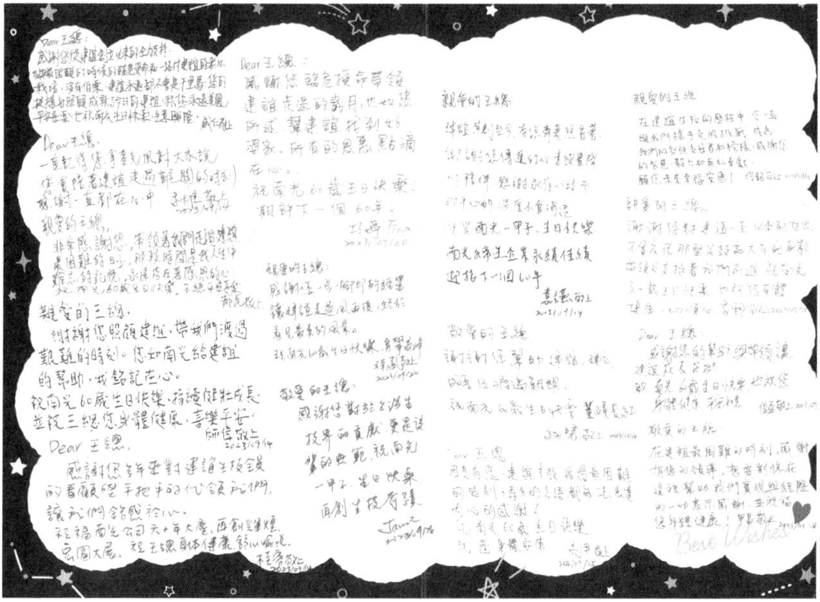

建誼員工感謝王玉杯臨危受命及慶祝南光六十週年生日。

王玉杯與南光重要幹部合影。

王玉杯與南光任職滿 40 年資深員工合影。

People 514

誠擔：王玉杯一生懸命的南光傳奇

口述　王玉杯
作者　陳淑泰、杜蕙蓉
主編　林正文
校對　林秋芬
行銷企劃　鄭家謙
封面設計　陳文德
內頁設計　江麗姿

董事長　趙政岷
出版者　時報文化出版企業股份有限公司
一〇八〇一九　台北市和平西路三段二四〇號七樓
發行專線　（〇二）二三〇六六八四二
讀者服務專線　〇八〇〇二三一七〇五
（〇二）二三〇四七一〇三
讀者服務傳真　（〇二）二三〇四六八五八
郵撥　一九三四四七二四　時報文化出版公司
信箱　一〇八九九　台北華江橋郵局第九九信箱

時報悅讀網　http://www.readingtimes.com.tw
法律顧問　理律法律事務所　陳長文律師、李念祖律師
印刷　勁達印刷有限公司
一版一刷　二〇二三年十一月十七日
定價　新台幣三八〇元
（缺頁或破損的書，請寄回更換）

時報文化出版公司成立於一九七五年，
並於一九九九年股票上櫃公開發行，於二〇〇八年脫離中時集團非屬旺中，
以「尊重智慧與創意的文化事業」為信念。

誠擔：王玉杯一生懸命的南光傳奇 / 王玉杯口述；陳淑泰，杜蕙蓉撰文 . -- 一版 . -- 臺北市：時報文化出版企業股份有限公司，2023.11
面；　公分 . -- (People ; 515)

ISBN 978-626-374-610-7(平裝)
1.CST: 王玉杯 2.CST: 製藥業 3.CST: 傳記

783.3886　　　　112018765

ISBN 978-626-374-610-7
Printed in Taiwan